Hans-Martin Lübking (Hrsg.)
Gott im Alltag
Kurzandachten

Hans-Martin Lübking
(Hrsg.)

Gott im Alltag

Kurzandachten

Patmos Verlag Düsseldorf

Die Deutsche Bibliothek – CIP-Einheitsaufnahme

Gott im Alltag: Kurzandachten / Hans-Martin Lübking (Hrsg.)
– 1. Aufl. – Düsseldorf: Patmos-Verl., 1996
ISBN 3-491-77989-8
NE: Lübking, Hans-Martin [Hrsg.]

© 1996 Patmos Verlag Düsseldorf
Alle Rechte vorbehalten
1. Auflage 1996
Umschlagbild: W. Krabal, Stockholm
Umschlaggestaltung: Volker Butenschön, Lüneburg
Satz: Fotosatz Moers, Mönchengladbach
Druck und Verarbeitung: Bercker Grafischer Betrieb, Kevelaer
ISBN 3-491-77989-8

INHALT

Angst 9
Anstrich 12
Aufmerksamkeit 15
Aufrechter Gang 17
Ausweise – Nachweise 20

Baum 23

Computer 28

Einsamkeit 31
Am Ende 34

Feigheit 38
Fotosprache 41
Fremde 43

Geduld 47
Große Kinder 49

Hände 52
Heimat 55
Heldengeschichten 58
Helfen 62
Höflichkeit 65
Hoffen 69
Humor 71

Jenseits 75
Jugend 78

Kinder 81

Lachen 84

Land unter 86
Lasten 89
Leise Töne 91

Männer 94
Masken 97
Menschlichkeit 99

Olympia 102
Ordnung 104

Reisen 106
Resignation 109
Rollstuhl 113
Ruhestand 115

Schönheit 118
Schulanfang 121
Schule 122
Schwein gehabt 127
Sicherheiten 131
Singen 133
Sorgen 136
Spuren 140
Sterben 143
Stadion-Liturgie 147
Strandwanderung 149

Trauer 151
Trennung 153
Trost 156

Unfall 160
Unruhe 163

Vergewaltigung 165
Vierzig 168

Warum? 171
Weihnachtsbaum 174
Weißer Fleck 176
Werbung 178

Zeit 182
Am Ziel 184
Zuhause 186
Zwischenbilanz 189

Register: Themen 191
Register: Bibelstellen 193
Die Autorinnen
und Autoren 194

VORWORT

»Die Kirche sollte sich hüten, die Spielwiese, auf der wir uns innerkirchlich tummeln, mit dem Leben breiter Schichten der Bevölkerung zu verwechseln« (P. Beier). Das eigentliche Leben spielt sich heute für die meisten Menschen außerhalb der Kirche ab: in der Schule, im Büro, auf der Straße, beim Einkauf, im Sportverein, im Urlaub. Dort verdienen sie ihr Geld, ziehen sie ihre Kinder groß, bilden sich aus, streiten sich, verlieben sich, schließen Freundschaften, kämpfen um Anerkennung und versuchen, ein Stück ihres Traumes vom Leben zu verwirklichen.

»Die wirklichen Mysterien ereignen sich heute im Hauptbahnhof« (J. Beuys). Selten ist der Alltag grau und langweilig, meist ist er bunt und abenteuerlich. Auch mit der Religion kommen mehr Menschen im Alltag in Kontakt als am Sonntag: im Verkehrsstau, bei einer Strandwanderung, im Fußballstadion, bei einem Unfall oder bei einer Radtour mit Kindern. Nicht daß diese Ereignisse von sich aus religiös wären, aber jeder Augenblick kann eine Erfahrung von Transzendenz enthalten. Zumindest für die, die »das Leben als ein Angesprochenwerden und Antworten, Ansprechen und Antwort-Empfangen« (M. Buber) verstehen. Wem Gott im alltäglichen Leben nicht begegnet, der wird ihn auch in der Kirche nicht mehr finden.

Die hier vorgelegten Andachten erzählen von Alltagssituationen, die jeder kennt: Angst, Ruhestand, Schulanfang, Einsamkeit, Trauer, Reisen oder Trennung. Sie wollen nicht belehren, sondern in einer eher undogmatischen Sprache beschreiben, welche Rolle der christliche Glaube im Alltag spielen kann. Er hebt den Alltag nicht auf, aber er unterbricht ihn und läßt ihn darum oft genug in einem anderen, befreienden Blick erscheinen.

Zum Alltag in der Kirche gehören Andachten. Kein Treffen, keine Sitzung, keine Feier ohne Andacht. Wahrscheinlich werden in der Kirche mehr Andachten gehalten als Predigten. Vermutlich werden durch Andachten auch mehr Leute erreicht.

»Gott im Alltag« enthält 62 Kurzandachten westfälischer Theologinnen und Theologen. Sie können für unterschiedliche Anlässe in der eigenen Praxis übernommen, sie können aber auch als persönliche Anleitung gelesen werden, der religiösen Dimension des eigenen Alltags auf die Spur zu kommen.

Hans-Martin Lübking

ANGST

*J*eder Mensch hat Angst, auch wenn nicht jeder es zugibt. »Ich habe Angst vor dem Krankenhaus«, sagt eine ältere Frau. »Wer weiß, ob ich wiederkomme. Ich habe Angst vor der Operation, vor den Schmerzen. Ich habe Angst, die Wahrheit zu hören, wie es um mich steht.«

»Ich würde am liebsten nicht nach Hause gehen«, sagt ein 14jähriger Schüler am Tag der Zeugnisse. »Ich kenne meinen Vater, der bekommt immer einen Wutausbruch.«

»Wenn ich mir die Welt ansehe, bekomme ich Angst«, sagt ein Student. »Ich habe Angst vor der Zerstörung der Ozon-Schicht, ich habe Angst vor einer Hungerkatastrophe, ich habe Angst, daß die Welt immer kälter, immer unmenschlicher wird.«

Angst hat viele Gesichter – aber kein Leben ist ohne Angst. Die Angst beginnt, wenn wir die Geborgenheiten des Mutterleibes verlassen. Mensch sein, heißt Angst haben: Angst vor Krankheit und Schmerzen; Angst vor dem Verlust eines geliebten Menschen; Angst vor dem eigenen Versagen; Angst vor Krieg und Zerstörung; Angst vor dem eigenen Sterben. Kein Leben ohne Angst!

Doch komisch: Wer unter uns offen zeigt, daß er Angst hat, wird immer noch scheel angesehen. Angst stört, Angst gehört sich nicht, Angst ist ein Kennzeichen von Schwäche. Vor allem wir Männer sind häufig so erzogen worden, eigene Angst nicht zuzugeben, sie zu bekämpfen, Angst auf jeden Fall mit sich selbst abzumachen. Denn das Ideal heißt: Alles im Griff haben, Stärke zeigen – jedenfalls nach außen. Was immer uns bedrückt, soll auf der Stelle wegorganisiert oder wegtherapiert werden. Der Arzt und Psychologe Horst-Eberhard Richter nennt das die »Okay-Moral«: »Keine Probleme. Alles okay. Alles im Griff.« Nur keine Schwäche zugeben. Denn jede Blöße, jede Schwachstelle bedeutet ein Ausgeliefertsein. Da könnten die anderen die Oberhand gewinnen und mit mir machen, was sie wollen. – Was für eine Kultur der Unbarmherzigkeit!

Dabei kann man auf den ersten Blick sehen, wieviele Menschen heute von Angst bestimmt werden. Wir erleben einen Kult der Schönheit, der Jugendlichkeit, der Fitneß. Ich kenne eine junge Frau, die fürchtet nichts so wie die erste Falte. Alt werden, krank werden? Das wäre ein Horror! In Werbesendungen sieht man nur schöne, junge, braungebrannte Leute. Eine 60jährige Fernsehansagerin – undenkbar! Alter, Siechtum und Sterben passen nicht in das strahlende Weltbild der Okay-Moral. Tod und Krankheit werden, bis in die Sterbeanzeigen hinein, zu »Feinden« kriegserklärt. Welche Angst steckt dahinter!

Im Johannesevangelium sagt Jesus: *»In der Welt habt ihr Angst, aber seid getrost, ich habe die Welt überwunden.«*
Mir ist wichtig, was Jesus hier *nicht* sagt.
Er sagt nicht: Ich habe die Angst überwunden, ich habe ein Rezept gegen die Angst.
Er sagt auch nicht: Wer glaubt, hat keine Angst.
Von Jesus wird erzählt, daß er selbst Angst hatte – damals im Garten Gethsemane am Abend vor seinem Tod.
»In der Welt habt ihr Angst.« Das ist tröstlich. Es gibt keinen Grund, sich seiner Angst zu schämen und Stärke vorzutäuschen. Es ist kein Zeichen von Mut, keine Angst zu haben, sondern nur ein Zeichen von Unehrlichkeit oder Unreife. Vor Leuten, die behaupten, keine Angst zu haben, kann man nur Angst bekommen.

Der Angst können wir nicht entkommen. Sie gehört zu unserem Leben. Aber wir können, wenn wir unter der Angst leiden, Gegenkräfte entwickeln.

Eine Kraft heißt: Angst zugeben, Angst aussprechen. Wer über seine Angst redet, bleibt in seiner Angst nicht allein. Er wird die Erfahrung machen, daß es viele Menschen gibt, die dieselben Ängste haben.

Darum heißt die zweite Kraft gegen die Angst: Gemeinschaft. Gegen die Angst hilft die Erfahrung, in einer Gruppe aufgenommen und verstanden zu werden. Gegen die Angst hilft die gemeinsame Arbeit gegen die Ursachen unserer Ängste. Heute sind es oft die Gruppen, Selbsthilfegruppen, Umweltgruppen, Bürgerinitiativen, in denen Geängstigte einander Mut machen und sich gegenseitig beistehen.

Angst kann lähmen, sie kann uns aber auch über uns selbst hinauswachsen lassen und Kräfte freisetzen, von denen wir nichts gewußt haben. Das verstehen wir manchmal selbst nicht. Man glaubt es nicht, daß man da noch einmal durchkommt. Kein Boden mehr unter den Füßen – und dann doch gehalten und getragen von einer Gnade, an die man nicht mehr geglaubt hat. Diese Kraft ist nicht von dieser Welt. Sie hat ihre Wurzel in Gott selbst. Denn Gott ist hinter der Angst. Er bewahrt nicht vor der Angst, aber er ist da in der Angst – und hilft mir, sie zu tragen.

Hans-Martin Lübking

ANSTRICH

Manfred ist ein gutaussehender Mann.
Aber, wenn ich ganz ehrlich bin: Früher hat er mir besser gefallen.
Das war, als er noch nicht bei dieser Farbberatung gewesen war.
Da kamen bei ihm alle Farben vor: königsblau, violett, schwarz, weiß, grün, gelb.
Na gut, die knallrote Krawatte mit den kleinen Mäusen drauf, die fand ich nicht so besonders geschmackvoll.
Und das altrosa Sakko auch nicht.
Aber Manfred hat eben immer das angezogen, wonach ihm gerade war.
Und auf mich wirkte das sehr lebendig.
Jetzt sitzt er hinter seinem Schreibtisch in einem hellbraunen Hemd und oliv-rost gemusterter Krawatte.
Er braucht gar nicht aufzustehen, seine Hose ist garantiert hellbraun, oliv oder rost.
Socken und Schuhe natürlich passend.
Manchmal gehen die Farbtöne seiner Kleidung auch ins Rötliche, mit einem dunklen Gelb und einem bißchen Grün.
Aber immer sieht er aus wie der Stadtpark im Oktober.
Selbst sein neues After-Shave riecht bräunlich-grün.
Das soll auch so sein, denn schließlich ist Manfred ein »Herbsttyp«.
Zumindest ist er davon fest überzeugt, seit er diese Farbberatung mitgemacht hat.
Die neuen Farben stehen ihm äußerlich auch wirklich gut. Das muß ich schon sagen. Alles sehr harmonisch und geschmackvoll zusammengestellt.

Und trotzdem: Irgendwie ist es doch immer gleich.

Auf mich wirkt Manfred in seinem neuen out-fit langweilig, richtig grau.

Seine Spontaneität, seine Verrücktheit, ja selbst seine sprühenden Augen wirken gedämpft, abgetönt.

Manfred hat sich festgelegt.

Aber wenn er meint, er sei nun mal ein Herbst-Typ, so wie andere eben Frühlings-, Sommer- oder Wintertypen sind, dann finde ich das ganz schön einseitig.

Dabei läßt er doch nur einen Teil seiner Persönlichkeit zum Ausdruck kommen.

Irgendwie schade, daß Manfred sich selbst in so eine Schublade steckt.

Seine Einzigartigkeit geht dabei verloren. Er wird verwechselbar, weil er zu perfekt aussieht.

Eben genauso wie die anderen in seiner »Herbst«-Schublade.

Seiner eigenen Persönlichkeit wird er damit nicht gerecht.

Denn so wie ich ihn kennengelernt habe, ist Manfred kein Herbst-»Typ«, menschlich gesehen, meine ich.

Er kann sehr winterlich kühl sein, frühlingshaft jung und warmherzig wie ein Sommer.

Manfred hat sehr viele Farben in seinem Wesen.

Und ich meine, eigentlich ist das »typisch«, typisch menschlich.

Weil das bei jedem so ist.

Jeder Mensch hat so viele Farben wie der Regenbogen.

Ich glaube, Gott, der den Regenbogen erfunden hat, hat sich die Welt bunt gedacht.

Und auch uns Menschen hat er sozusagen mit dem Regenbogenpinsel entworfen. Damit wir bunt und vielseitig sein können.

Damit wir immer neue Farbtöne entdecken können, an uns selbst und an anderen.

Ich glaube, Gottes Lieblingsfarbe ist bunt.
Deshalb mag er auch seine Menschen nicht einfarbig und eintönig.
In jeden Menschen hat Gott die Klarheit des Gelb hineingemalt und die Natürlichkeit des Grün.
Die Kraft und Hitze des Rot gehört genauso dazu wie die Wahrheit des Blau.
Auch hat er bei keinem die Sinnlichkeit des Orange und die Religiosität des Violett vergessen.
Diese und viele andere Farben hat jeder Mensch in sich.
In einer nur ihm eigenen Mischung.

Wenn es also Farbtypen gibt, dann so viele, wie es Menschen gibt. Davon bin ich überzeugt.
Und ich bin 'mal gespannt, wie lange Manfred der Meinung bleibt, er sei nun einmal ein Herbsttyp.
Vielleicht wird er sich an die anderen Anteile in seinem Wesen erinnern, wenn es Frühling wird.
Oder irgendeine Lebenslust läßt ihn wieder diese unsägliche rote Mäusekrawatte auspacken ...

Andrea Seils

AUFMERKSAMKEIT

Wir sitzen zu zweit in meinem Arbeitszimmer. Wichtige Fragen müssen besprochen werden. Mein Gegenüber trägt mir seine Gedanken und Vorstellungen vor. Plötzlich schrecke ich auf: Ich habe gar nicht genau mitbekommen, was da gesagt wurde. Wir sind zwar zu zweit im Raum, doch mit meinen Gedanken bin ich ganz woanders.

Es gibt Tage, da passiert mir das immer wieder. Meine Müdigkeit steht mir im Weg, meinem Gegenüber wach und aufmerksam zuzuhören.

Meine Sorgen und Probleme, die ich zur Zeit mit mir rumschleppe, werden zu einer Mauer zwischen mir und meinem Gegenüber.

Meine Vor-Urteile, die ich von meiner Gesprächspartnerin habe, versperren mir den Blick und verhindern die Neugier auf unbekannte Seiten der anderen, verbauen mir die Möglichkeit, neue Erfahrungen zu machen.

Wie kann es gelingen, ganz da zu sein? Wie kann es gelingen, offene Augen, offene Ohren und vor allem ein offenes Herz für mein Gegenüber zu haben?

Wie kann es gelingen, trotz Müdigkeit, Sorgen und Vor-Urteilen, die es nun mal immer wieder gibt, wach und aufmerksam für den anderen zu sein?

Für mich ist ein erster Schritt: Aufmerksam sein für mich selber; für meine Gedanken, die mich bewegen, für meine Gefühle, die ich spüre, für all das, was ich mitbringe an Freude und an Schwierigkeiten. Aufmerksam sein auch für meinen Leib, für seine Spannungen und für Körperreaktionen wie Schwitzen, Magenschmerzen oder ähnliches.

Es ist mir wichtig, vor einem Gespräch dieses alles nicht zu verdrängen und wegzuschieben, sondern wahrzunehmen, was mit mir ist.

Ein nächster Schritt, der mir hilft, ganz da zu sein: Dieses alles auszusprechen und eben nicht runterzuschlucken.

Vielleicht kann ich es meinem Gegenüber sagen, auf jeden Fall aber Gott. Dabei kommt es nicht auf wohlgesetzte Worte an. Ich vertraue darauf: Gott hört mich. Er ist aufmerksam, auch wenn mir Aufmerksamkeit schwerfällt.

Meine Erfahrung ist: Ich kann dann loslassen, was mich hindert, aufmerksam und wach zu sein. Es ist für die Zeit des Gespräches bei Gott gut aufgehoben, was mich beschwert und belastet. Wache Aufmerksamkeit für mein Gegenüber wird möglich. Ich bin und bleibe ganz da. Ich bin neugierig und gespannt auf das, was ich neu entdecken kann.

Den Moment des Innehaltens vor einer Begegnung, vor einem Gespräch sollten wir uns gönnen.

Ich bin mir sicher: In unseren Gemeindegruppen, in unserer Kirche und auch im privaten Leben könnten Mißverstehen und Starrheit ein Stückweit überwunden werden, wenn jede und jeder einzelne ganz da wäre, aufmerksam und wach für sich selbst und dann auch füreinander.

Matthias Gössling

AUFRECHTER GANG

»Willst Du gesund werden? Dann steh auf, nimm Dein Bett und geh!« (Johannes 5, 6 und 8)

Liebe Silvia!

Steh auf, nimm Dein Bett und geh! Aber wundere Dich nicht! Wenn Du aufgestanden bist, kannst Du nicht mehr als graue Maus durchs Leben huschen.

Wenn Du gesund werden willst, wirst Du den aufrechten Gang gehen, Konturen werden deutlich, auch Fronten.

Der Kranke am Teich Betesda kann sich nicht mehr verkrümeln, nachdem er durch Jesus gesund geworden ist. Es geht zur Sache, er muß sich auseinandersetzen und rechtfertigen, als die Sache Jesu sein Leben umkrempelt. Schließlich ist er dadurch gesund geworden, weil ein anderer ehrwürdige und heilige Gesetze auf den Kopf gestellt hat.

Wenn Farbe in Dein Leben kommt, wenn die Blüte das Eis durchbricht, dann kannst Du Dich nach der Sonne ausstrecken, aber Du mußt auch den Regen aushalten, Frost und Hitze, und Dich gegen den Wind stemmen.

Es war ein Holzkreuz, an dem Jesus starb, rauhe Wirklichkeit, keine religiöse Verbrämung.

Es war ein Holzkreuz, an dem Jesus starb. Aber Gott hat es nicht dabei belassen. Jesu Anhängerinnen und Anhänger erfuhren über den Tod hinaus: Für uns ist das Kreuz der Lebensbaum. Eine symbolische Vorstellung von der Fülle des Lebens, der Bewahrung und Vollendung der Schöpfung, wie Gott sie eigentlich will.

In der Taufanleitung der ersten Christen heißt es: Das Kreuz als Holz des Lebens wurde in die Erde gepflanzt, um die verfluchte Erde zu segnen und die Toten zu erlösen.

Deshalb machte sich Maria Magdalena auf zu ihren Brüdern, nachdem sie dem Auferstandenen begegnet war, um den Männern zu sagen, daß sie sich nicht aus Angst verkriechen sollten, sondern auferstehen für das Leben, weil ihr Herr auferstanden sei.

Liebe Silvia, tue es der Maria Magdalena, Deiner Schwester, gleich und schäme Dich nicht, den Gekreuzigten und Auferstandenen zu bekennen.

Es ist die Arbeit Deines Glaubens, die Kreuze zu sehen, die in ihrem Leben aufgerichtet sind. Wenn sie berichten von den Häusern für vergewaltigte Mädchen und geschlagene Frauen, wenn sie sich erinnern, wie Väter und fremde Onkel sie als Kinder geschändet haben, wenn sie von den gnadenlosen Fließbändern und den langen Fluren der Arbeitsämter erzählen, wenn sie die einsamen Ehebetten und die heimlich geschluckten Antidepressionspillen verschweigen, wenn sie das feindselige Unverstehen zwischen Müttern und Töchtern auftischen.

Silvia, Du weißt, daß Jesus mit seiner Botschaft den Entrechteten und Armen, den Frauen und Männern, den Sklaven und Heimatlosen eine neue Zukunft bringen wollte. Dafür ist er ans Kreuz gegangen, und in der Tat ist aus dem Kreuz der Lebensbaum geworden.

Und Deine Schwester Maria Magdalena hatte den Mut, ihren Freund zu beweinen. Sie liebte ihn so sehr, daß sie mit seiner Kraft ihre Brüder hineinnehmen konnte auf den Weg der Befreiung eines neuen Lebens.

Und wenn Dich Jugendliche fragen, Silvia, was Du eigentlich davon hast, Christin zu sein, außer den Gottesdiensten, die sie häufig kaltlassen, außer der Bibel, die sie nicht verstehen, außer den Scherereien mit der Kirche, die sie oft allein läßt, wenn sie Dich hinweisen auf ihre Sprüche an der Wand: »Es ist doch alles sinnlos«, »Ich geh kaputt, wer geht mit?« – wie auf ein Menetekel, das ihre Hilflosigkeit ausdrückt, dann halte dagegen: »Du bist zu wertvoll, um zerstört zu werden.«

Antworte ihnen: »Ich glaube, daß Jesus auferstanden ist, darum kann ich aufstehen für das Leben. Ich will mich nicht mehr zum Schweigen bringen lassen und will auch nicht, daß ihr den Mund haltet. Ich glaube, daß Gott Gerechtigkeit will, darum werde ich mich als Frau auch nicht mehr unterdrücken lassen.

Ich habe im Evangelium gelesen, daß die Armen selig sein sollen, darum will ich das Gemeindehaus nicht verschließen für die, die am Rande stehen.

Ich habe gehört, daß die blinkenden Militärstiefel und die blutbefleckten Soldatenmäntel gegen alles Kriegsgeschrei und allen Rüstungswahn ins Feuer geworfen und verbrannt werden, darum beziehe ich Stellung, wenn junge Männer ihr Gewissen prüfen und Mädchen eines Tages in den Irrsinn verfallen sollten, Soldatinnen werden zu wollen.«

Gemeinsam, liebe Silvia, glauben wir daran, daß Gott gegen allen Augenschein Leben verspricht und Farbe in unser Leben bringt. Da stehst Du nicht allein. Dieses »Dennoch« Gottes, der Einspruch gegen die Hoffnungslosigkeit, der Widerspruch gegen den Rückzug ins Private, ist der Zuspruch für unser Leben, ist der Regenbogen über den Wolken.

Willst Du gesund werden?

Dann nimm Dein Bett und geh. Aus dem Kreuz wird der Lebensbaum.

Friedhelm Wixforth

AUSWEISE – NACHWEISE

*A*n der Grenze zum benachbarten Polen sagt der Grenzbeamte: »Ihren Ausweis, bitte, und die Kfz-Papiere!«
Nichts Ungewöhnliches für den Beamten; danach zu fragen, gehört zu seinen Aufgaben.
Doch ich fühle mich unsicher, bin nervös, wenn mein Ausweis im Grenzhäuschen verschwindet.
Vor zwölf Jahren sind mir sämtliche Papiere gestohlen worden. Ich hatte nichts mehr, womit ich mich ausweisen konnte, und ich fühlte mich hilflos. Ich galt nichts mehr ohne die Papiere der Behörden, die mich auswiesen: meinen Paß, den Personalausweis, den Kfz- oder Führerschein. Nicht einmal der Name im Telefonbuch half weiter.
Daß ich als Person existiere, ist nicht genug Beweis dafür, daß es mich auf dieser Welt gibt. Ich muß etwas vorweisen können, etwas anderes als meine Person, das mich legitimiert: zu sein, wer ich bin und wie ich bin.

Eine andere Erfahrung: Gegenwärtig habe ich sehr häufig bei Bewerbungen mitzuentscheiden. Bei einer neu zu besetzenden Stelle in den verschiedensten Arbeitsfeldern unserer Kirche machen sich die verantwortlichen Menschen Gedanken, wie die Bewerberin oder der Bewerber den freigewordenen Arbeitsplatz füllen soll, was sie oder er einbringen soll; sehr konkret und eindeutig.
Eine stattliche Zahl von Bewerbungen mit Zeugnissen, Unterlagen an Fort- und Weiterbildungen, Zertifikaten und Urkunden liegt vor ihnen. Die Entscheidungsträger blättern, lesen, wundern sich, staunen – und wägen dann ab.
Mein Eindruck: Was haben Menschen nicht schon alles an

Zertifikaten erarbeiten müssen, um unter Beweis zu stellen, was sie können und wer sie dadurch sind?

Und es passiert dann, daß der seit vier Jahren arbeitslose Sozialpädagoge nicht eingestellt wird. Er ist nicht gezielt für diesen Arbeitsbereich ausgebildet, seine Zertifikate nicht speziell genug. Seine Chance, auf das augenblickliche Stellenangebot eingehen zu können, ist gering.

Zertifikate gibt es genug, die richtigen jedoch erst qualifizieren den Menschen.

Dem kirchlichen Mitarbeiter, der immer wieder unter Beweis stellen muß, wie viele junge Menschen er in der Jugendarbeit begleitet, wünsche ich, daß er spüren kann: »Du mußt dich nicht erst durch große Zahlen legitimieren oder durch den Papierberg, den du zur Post bringst; oder durch die Akzeptanz deiner ›evangelisch-christlichen‹ Note durch deine Vorgesetzten. Sei, wie du bist – dann bist du wer!«

Vielleicht klingt dieser Wunsch zu fern für unsere Wirklichkeit, in der das Konkurrenzdenken die Maßstäbe unseres Seins setzt.

In einer Auseinandersetzung mit den Pharisäern begegnet uns Jesus als ein Mensch, dem dieses Denken nicht fremd ist. Die Pharisäer fordern ein untrügliches Zeichen von Jesus, daß er wirklich von Gott kommt. Jesus wurde, trotz der freundlichen Bitte, ärgerlich: »*Gerade ihr fordert ein Zeichen?! Nein, ihr werdet ein solches Zeichen nicht bekommen. Höchstens eins wie der Prophet Jona, der drei Tage im Bauch des Fisches war – die Geschichte kennt ihr alle. So wird auch der Sohn Gottes drei Tage und Nächte im Innern der Erde verborgen sein. Dieses Zeichen werdet ihr erst später verstehen. Ich jedoch bin mehr als Jona*« (nach Matthäus 12, 38 f.).

Jesus verweigert ein Zeichen. Er will sich nicht unter Beweis stellen müssen. Zertifikate verhindern Wege des Vertrauens.

Seine Begründung: Gott gibt keine Zeichen, wenn irgendwelche Menschen es wollen. Jesus verweigert Zeichen und Beweise als Demonstration von Macht; damit er bleibt, wie er sich versteht: einmalig, verantwortlich, getragen und bejaht.

Möge vielen die Erfahrung möglich sein: sich nicht beweisen zu müssen, einmalig bleiben zu können bei den Menschen, mit denen sie zu leben und zu arbeiten haben.

Elke Hadler

BAUM

*E*ine Stunde mögen sie wohl schon unterwegs sein; Vater und Sohn, die endlich Zeit füreinander haben. Schließlich ist jetzt Urlaub. Und nun radeln sie zusammen durch die Landschaft, der Kleine vor dem Großen sitzend, angekuschelt und geschützt.

Doch langsam wird es langweilig. Schnurgerade zieht sich die Straße wie ein endloses, glitzerndes Band durch die Landschaft; Acker grenzt an Acker, kaum eine Hecke, kaum ein Busch, ab und zu ein Traktor. Hinter einer Kuppe weitet sich der Horizont.

»Oh, der große Baum, Papa, siehst du ihn? Halt doch mal an!«

Unbeirrt steht er da, ein riesiger Baum. Mitten auf einem Acker hat er seinen Ort gefunden und stört die schnurgerade gezogenen Linien der Strohballen, die der Mähdrescher hinterlassen hat. Eine Insel der Vögel, diese weit ausladende Eiche. Hier verweilen sie auf ihrem Flug, finden Wohnung und Zuflucht in dieser eintönigen Landschaft.

Der Vater stoppt das Fahrrad und hebt seinen Sohn herunter. Der hüpft, des langen Sitzens überdrüssig, über die Stoppeln zum Baum. Kaum kann er es abwarten, bis ihm der Vater gefolgt ist.

»Mal sehen, ob wir ihn umfassen können.« Sie schauen sich an und lachen. Vor diesem Eichenstamm wird auch der große Papa ganz klein, mit winzigen Armen, und kann nur noch mitstaunen über diese Größe.

Im Schatten der Zweige läßt es sich ausruhen, die Augen baden in dem tiefen Grün. Die beiden lassen es sich gutgehen und puhlen in den ausgedroschenen Ähren nach Körnern.

Vergeblich, der Mähdrescher hat hier gründliche Arbeit geleistet.

Nur da, zwischen zwei Wurzelarmen, wird der Kleine fündig und sammelt Körner in seiner Hand.

Schön ist es, hier zu liegen mit dem Sohn. Mit dem Duft des abgeernteten Feldes in der Nase, den Flug der Krähen mit den Augen verfolgend, läßt der Vater seine Gedanken zum Himmel fliegen. Bilder von früher tauchen auf: von der Arbeit im Garten, vom Pflanzen und Wachsenlassen, die alten Träume vom Großwerden.

»War der Baum schon immer hier?« Der Kleine holt seinen Vater zurück. »Bestimmt ist der schon viele hundert Jahre alt! War der immer schon so groß?«

Der Vater erzählt ihm von der kleinen Eichel, die irgendwann einmal vom Regen hier in den Boden gespült wurde: »Winzig klein, nicht größer als dein Daumen. Hier hat sie Platz zum Wachsen gehabt über Jahre und Jahrzehnte. War schon ein stattlicher Baum, als ich so alt war wie du.«

Mit großen Augen schaut ihn der Sohn an: »Und jetzt wohnen die Vögel hier und freuen sich. – Ob der Bauer sich manchmal ärgert, wenn er immer um den Baum herumfahren muß? Gut, daß der Baum so groß ist, da kann er ihn nicht einfach umhauen. – Den Spielbaum auf der Wiese in unserer Straße, den haben sie einfach umgehauen für das neue Haus. Das war gemein, jetzt haben wir keine Bude mehr!« Zornig ist er aufgesprungen: »Und wenn dieser Baum einmal stirbt, wo sollen dann die Vögel wohnen?«

Im Weglaufen ruft er noch: »Wo sollen denn hier Bäume wachsen, ist doch gar kein Platz!«

»Eigentlich hat er recht«, denkt der Vater, »in dieser schnurgeraden Ordnung von Acker, Graben, Straße, Acker, ist da noch Platz für das neue Leben eines kleinen Setzlings? Ist da noch Platz für Träume der Kinder vom Wachsen aus dem Kleinen und Großwerden wie ein Baum? Die Träume der Kinder zu allen Zeiten, Träume von gestern, ausgeträumt, begradigt, asphaltiert?«

Der Sohn ist längst an der Straße angelangt und macht sich an der Bankette zu schaffen. »Komm, schnell, komm doch mal, ein kleiner neuer Baum!« Da sitzt nun dieser kleine Junge und puhlt mit den Fingern im Asphalt am Rande der Straße.

»Schau, wir müssen ihm helfen, der Teer ist so hart.« Rund um einen kleinen Halm puhlt er Stück für Stück aus dem Teer. Tatsächlich, hier bahnt sich ein kleiner Setzling den Weg ans Licht, paßt sich nicht der Ordnung an, sucht neue Wege zum Leben durch den harten Asphalt.

»Das kenn' ich schon«, erzählt der Kleine eifrig, »das mache ich mit meinen Freunden manchmal auf dem Schulweg. Da sind öfter solche Ritzen im Teer, da wachsen Blumen durch. Wir helfen ihnen, damit sie das schaffen.«

Der Vater, er kann nicht anders, er nimmt seinen Sohn und drückt ihn ganz fest an sich. Hat er ihm doch die alten Träume vom Leben wiedergeschenkt! Mit seinen Träumen von neuem Leben, das sich Wege sucht, neue Wege durch den erstarrten Asphalt. Und er spürt deutlich: Der Sohn öffnet ihm, dem Vater, neu die Türen zu Gottes Reich. Der kleine Setzling, der sich durch den Asphalt Bahn bricht und Leben will, ist das nicht ein Schlüssel, den er da entdeckt hat und dem Vater stolz zeigt?

*»Ein Gleichnis
legte Jesus ihnen vor:
Das Himmelreich ist gleich einem Senfkorn.
Das nahm ein Mensch und säte es auf seinen Acker,
welches ist das Kleinste unter allen Samen.«*
– Ja, das kannte der Vater. 300 Samenkörner auf ein Gramm.
Einmal pusten und weg sind sie, wie Staub. –
*»Wenn es aber gewachsen ist, so ist es größer als alle
Sträucher und wird ein Baum.«*
– Sein Verstand sagt ihm: Maßlose Übertreibung! Zwei
Meter höchstens wird solch
eine Senfstaude groß. Und da schaut er sich seinen Sohn
an, besorgt um den kleinen Setzling,
der da ans Licht dringt, durch den harten Asphalt
der vernünftigen Einwände der Großen.
Und er schaut zurück auf den Baum, ihren Baum,
wie sie ihn jetzt nennen. Und er möchte sich neu
einlassen auf dieses Gleichnis,
möchte mehr hören über Gottes neue Welt,
von der Jesus erzählt. –
*»So geht es zu mit Gottes Reich.
Und wenn es gewachsen ist,
wird es ein Baum.
Und die Vögel unter
dem Himmel kommen
und wohnen in
seinen Zweigen.«*
– Welche Freiheit und welche Würde
liegt doch in diesem alten Bild der Propheten! –

Und der Vater wünscht sie sich herbei: die Zeit, in der die Träume der Kinder sich erfüllen. Sie haben etwas begriffen von Gottes Reich, sagt Jesus, mit ihrem unmittelbaren Wahrnehmen und Staunen sind sie den Erwachsenen ein Vorbild.

Wären das nicht gute Zeiten, in denen die Kinder sich nicht abfinden mit den ausgetretenen Wegen der Gemeinde? In denen sie sich nicht abfinden mit den gepflegten Vorgärten unserer Kirchen mit dem Schild: »Betreten verboten!«?

Das wären gute Zeiten, in denen sich die Großen nicht über die Kinder ärgern, sondern sich von ihrer Lebensfreude anstecken lassen und mit ihnen auf die kleinen Zeichen des neuen Lebens Gottes achten. – Darin sind die Kinder nämlich ganz groß.

Ulrich Walter

COMPUTER

*M*ein Patenkind Till hat zur Konfirmation ein Buch geschenkt bekommen. Ein Buch über Computer und – GOTT.*

»Klingt das nicht verrückt«, sagt er – das Buch in der Hand – und liest vor:

»HI, SAM! WIE GEHT'S?«
So fing es an. Ich spielte am Computer, ganz plötzlich verschwand alles vom Bildschirm, und dieser Text erschien.
Wie geht was, fragte ich mich. Wo war die Bedienungsanleitung?
Wieder Text ...
»LEBEN UND DAS ALLES. WAS HÄLTST DU DAVON?«
So ein Quatsch ... Leben.

Und Till erzählt von Sam, einem Jugendlichen, der mit dem Computer seines Vaters experimentiert und plötzlich GOTT begegnet – oder einem Hacker?
Natürlich glaubt Sam nicht, daß sein Gegenüber GOTT ist. Und auch das Argument, das Universum mit seinen 100 000 Millionen Galaxien sage etwas über seinen Schöpfer, überzeugt ihn nicht.
Sam glaubt nicht an Gott.
»Wenn man klein ist – und es nicht besser weiß –, dann glaubt man an das, was einem die Eltern sagen: an Gott, an den Weihnachtsmann und so was. Aber jetzt denke ich selber. Und ich sage: Wo soll denn dieser Gott sein? Wo ist der Beweis?«

Es entsteht ein langes Gespräch, ein Gedankenspiel zwischen Sam und GOTT. Oder ist es doch ein Hacker?
Sam ist clever und wundert sich am Ende doch.
Hör' dir mal das Ergebnis an.
Till liest mir das Ende des Zwiegespräches zwischen Sam und dem Hacker (GOTT) vor.

ERGEBNIS:
ARGUMENTE FÜR DIE EXISTENZ GOTTES UND DAFÜR, DASS ER WIRKLICH EIN GUTER UND LIEBENDER GOTT IST 12
ARGUMENTE DAGEGEN 666
»Gratulation«, erklärte Gott. »Du hast gewonnen. Ja, es sieht ganz danach aus, daß es mich nicht gibt.«
»Was?« sagte ich. »Du sagst, ich habe bewiesen ..., also, nicht richtig bewiesen, aber deutlich gemacht – mehr oder weniger –, daß es keinen Gott gibt?«
»Ja. Sieht danach aus«, sagte der Hacker.
»Oh!«

Dann fängt der Drucker an zu rattern, und eine Liste von Fragen wird ausgeworfen.
Fragen zum Nachdenken. Fragen, die Sam bleiben.

Die ersten Fragen lauten:
1. Was interessiert dich wirklich am meisten?
2. Gibt es etwas, wofür du dein Leben opfern würdest?
3. Welches Ziel hoffst du in deinem Leben zu erreichen? Spielt der Glaube an Gott dabei eine Rolle?
4. Schreib auf, wann du wichtig bist, wann unwichtig ...

Till sagt unvermittelt:
»So ein Gespräch, so ein Gedankenspiel mit Gott wünsche ich mir auch mal.«

Ich stutze und sage spontan: »Oder ein Gespräch mit einem Hacker, für den Gott wichtig ist.«
Da sagt Till: »Oh!«
Wir sehen uns an und lachen.

Fred Sobiech

* (Zitate aus: Russel Stannard, Hallo Sam, hier bin ich, Bindlach 1993)

EINSAMKEIT

»Tschüß, auf Wiedersehen, schönes Wochenende!« So wünschen es sich Kolleginnen und Kollegen gegenseitig, wenn es Freitagnachmittag ist und jede und jeder zu sich nach Hause strebt.

»Wochenende« – ein Zauberwort: ausschlafen, ausführlich frühstücken, in der Stadt einkaufen, Freunde besuchen, Gäste empfangen, im Garten arbeiten, mit den Kindern spielen – für alle, die eine Familie, die Freunde haben, kann das so sein.

Doch viele fürchten sich auch vor dem Wochenende. Ich denke an eine Frau, die allein lebt. Freitagabend macht sie es sich noch gemütlich: endlich Feierabend, endlich ausruhen. Am Samstagmorgen ist der Einkauf dran, danach wird die Wohnung geputzt, dann kommt die Wäsche. Samstagabend: entweder Fernsehen oder Kino oder lesen – aber allein!

Und dann der Sonntag ... Die Bekannten sind verheiratet, da möchte sie nicht stören. Vielleicht einen Spaziergang machen, doch draußen regnet's. Ins Café setzen? Da war sie erst letzten Sonntag. In der Stadt zum 57. Mal dieselben Geschäfte ansehen?

Der Sonntag ist am schlimmsten. Sie ist froh, wenn er vorübergeht. Am Montag hat sie wieder ihre Arbeit. So geht das Woche für Woche. Eine alleinstehende Frau.

»Es ist nicht gut, daß der Mensch allein sei«, heißt es am Anfang der Bibel. Doch viele unter uns sind allein. Sie empfinden ihre Einsamkeit als eine schwere Last. Sie haben keinen Gesprächspartner, sitzen bei den Mahlzeiten allein am Tisch – und werden von keinem erwartet, wenn sie nach Hause kommen.

Einsamkeit hat viele Gesichter, und hinter jeder Einsamkeit steckt meist eine eigene Lebensgeschichte.

Maren ist seit 24 Jahren verheiratet und einsam in ihrer Ehe. »Es geht schon viele Jahre so, daß wir nur noch das Nötigste miteinander reden«, erzählt sie. Die Gespräche mit ihrem Mann beschränken sich auf organisatorische Dinge, auf das Haus, den Garten oder die Planung für den nächsten Urlaub. »Manchmal reden wir auch über die Kinder, die beide in der Ausbildung sind, aber nie, niemals über uns.«

Michael ist 18 und geht noch zur Schule. Er hat viele Kontakte zu Gleichaltrigen, aber im Grunde fühlt er sich allein. »Wenn es mir wirklich mal dreckig geht, dann bin ich damit allein. Die Jungs aus meinen Kursen tun immer so, als hätten sie überhaupt keine Probleme und wären ständig gut drauf. Da ist keiner darunter, mit dem ich mal darüber reden könnte, daß ich Probleme habe, Mädchen anzusprechen. Wenn ich davon anfange, lacht mich jeder aus.«

»Es ist nicht gut, daß der Mensch allein sei.« Psychologen stellen eine zunehmende Vereinzelung in der Gesellschaft fest. Nach repräsentativen Umfragen fühlen sich zehn Prozent der erwachsenen Bundesbürger einsam. Die Dunkelziffer wird weit darüber hinausgehen, denn viele Menschen wagen es nicht, mit anderen offen über ihre Einsamkeitsprobleme zu sprechen. In unserer dynamischen Leistungsgesellschaft gilt Einsamkeit als sozialer Makel, den man besser vor anderen verbirgt. Ein großer Bekanntenkreis, viele Freunde und ein randvoller Terminkalender – das sind einige der Markenzeichen des modernen Stadtmenschen.

»Es ist nicht gut, daß der Mensch allein sei.« In der Bibel wird erzählt, wie Jesus an den Heilquellen des Teiches Betesda, einem antiken Kurort, einem Mann begegnet, der seit 38 Jahren krank liegt. 38 Jahre allein unter Blinden, Gelähmten und chronisch Kranken, die alle darauf warteten, daß die Heilquellen hervorbrachen und sich das Wasser bewegte. Jeder

wollte der erste am Wasser sein, weil man dann glaubte, mit Heilung rechnen zu können. »*Willst Du gesund werden?*« fragt Jesus ihn, als er ihn trifft. Der Mann antwortet: »*Herr, ich habe keinen Menschen.*« Er meint: Ich habe keinen, der mich zum Wasser trägt; keinen, der nach mir fragt. Um mich »kümmert sich kein Schwein«.

Ich glaube, das ist es, was Einsamkeit quälend macht: Um mich kümmert sich niemand; das Leben geht an mir vorbei; es gibt keinen, für den ich wichtig bin.

»*Es ist nicht gut, daß der Mensch allein sei.*« Für einen Tag, auch für eine Woche einmal mit sich selbst allein sein, das ist manchmal nötig, um neue Kräfte zu tanken oder mit sich selbst ins Reine zu kommen. Aber 38 Jahre oder auch nur einige Jahre lang allein, einsam, übersehen, nicht beachtet – das macht krank, das kann einen Menschen zerbrechen. Wieviele vereinsamte Frauen, wieviele verschlossene Männer leben unter uns!

Die Geschichte am Teich Bethesda endet so, daß Jesus dem Kranken auf den Kopf zusagt: »Du kannst aufstehen, du bist zu einem aufrechten Leben bestimmt – dein Leben muß nicht mehr in den Zwängen der Einsamkeit verkümmern.«

Starke Worte! Ob sie auch etwas nützen?

Einsame bekommen heute eher andere Ratschläge: »Gehen Sie in einen Verein!« Oder: »Setzen Sie eine Kontaktanzeige auf!« Oder auch: »Bearbeiten Sie erst einmal die Probleme, die hinter Ihrer Einsamkeit stecken!«

Nichts von alledem bei Jesus. Er sieht nicht nur das Problem, das es zu kurieren gilt – die Krankheit, die Einsamkeit. Er sieht den Kranken als Menschen mit eigener Würde und Bedeutung.

»*Und sogleich wurde der Mensch gesund und nahm sein Bett und ging hin.*«

Hans-Martin Lübking

AM ENDE

*L*ieber Gott,

ich weiß, daß es nicht normal ist, wenn einer, der nur die Hauptschule besucht hat, sich an Dich wendet. Die meisten von uns haben ganz andere Dinge im Kopf als Dich. Aber als Kind, da war ich oft bei Oma und Opa, und die haben immer gebetet mit mir, abends. Insofern bin ich eben nicht normal, so wie andere.

Die ganze Schulzeit über und auch noch danach hab' ich Dich ja eigentlich nicht echt gebraucht; obwohl es mir in der Schule oft so richtig dreckig ging, bin ich da immer selbst mit fertig geworden. Ich wollte das ja auch. Irgendwann soll man ja auch alleine zurechtkommen und nicht immer von anderen Leuten abhängig sein.

Aber jetzt, lieber Gott, kann ich nicht mehr. Ich will auch nicht mehr.

Wenn das stimmt, daß Du mich auf diese Welt gebracht hast oder zumindest dafür gesorgt hast, daß ich hierher gekommen bin, dann hast Du doch auch die Macht, mich wieder von hier wegzuholen.

Und deshalb meine Bitte, lieber Gott:

Hol mich wieder ab von dieser Welt. Ich hab' alles so wahnsinnig satt hier. Ich kann nicht mehr. Ich halte das nicht mehr aus.

Zu Hause hatte ich immer Streß. Solange ich zurückdenken kann, war das so. Keinem konnte ich es recht machen. Meine ältere Schwester war in der Schule viel besser als ich. Sie hat das Abitur gemacht. Sie war immer der Star bei uns und ich eben der mißratene Sohn. Schon in der Grundschule gab es fast nur schlechte Zensuren für mich, und das dritte Schuljahr hab ich dann wiederholt. Meine Lehrerin und meine Eltern hatten das beschlossen, weil es für mich gut war. Wenn mir einer dumm gekommen ist, hab' ich draufgehauen. Es war ja auch die einzige Möglichkeit, mir Respekt zu verschaffen. Aber danach kam ein Brief von der Schule nach Hause, und dann gab es Krach mit den Eltern. Ab und zu hat mein Vater zu mir gehalten, und manchmal war er mein Freund. Als er dann weggegangen ist von zu Hause, war das natürlich vorbei. Der wohnt jetzt in München. Ich war mal da, aber es war nicht wie vorher.

Irgendwie habe ich immer das Gefühl gehabt, ich bin im Weg.

Lieber Gott, hol mich wieder ab. Bitte.

Später – da war ich schon auf der Hauptschule – hatte ich eine Freundin. Zuerst war das unheimlich gut mit uns, und ich dachte, daß ich Glück gehabt habe. Aber sie hat schnell gemerkt, daß ich nicht so gut reden konnte über alles. Schon gar nicht über mich selbst. Vielleicht war ich ihr auch zu anhänglich. Ich konnte es nicht gut aushalten, wenn wir mal getrennt waren. Ich wollte eben gern dauernd mit ihr zusammensein. Ich glaube, das hat sie genervt, und dann hat sie Schluß gemacht. Meine Mutter wollte auch nicht, daß ich meine Freundin mit zu uns nach Hause bringe – schon gar nicht, wenn sie zur Arbeit war. Die Nachbarn würden schon jetzt schlecht über uns reden.

Seit damals hatte ich keine Freundin mehr. Ich möchte eigentlich so gerne wieder eine haben. Aber es klappt nicht. Meine Schwester sagt, ich wäre die absolute »Lachnummer« in der Liebe.

Weißt Du, wie das ist, lieber Gott, wenn man sich immer – nicht nur ab und zu – immer! – alleine fühlt?

Hol mich wieder ab, Gott.

Seit meinem Abgang von der Schule bin ich im Grunde ohne Arbeit, obwohl ich so einen Lehrgang vom Arbeitsamt gemacht habe. Ich habe aufgehört, Bewerbungen zu schreiben. Meistens kamen die ganzen Unterlagen nicht einmal wieder zurück.

Kein Wunder bei dem Zeugnis. Zuletzt war ich einfach nur froh, aus der Schule zu sein. Und die waren es auch, weil ich endlich weg war. Hab' nur noch Quatsch gemacht. Geraucht, getrunken, mich geschlagen, nichts mehr für den Unterricht getan und Lehrer angemacht. Ich wollte eben nicht mehr. Meine Mutter hat schon gar nichts mehr gesagt zu mir. Die war froh, wenn ich in meinem Zimmer war.

Seitdem ihr Typ bei uns eingezogen ist, bin ich, so oft es geht, weg. Ein eigenes Zimmer kann ich mir nicht leisten, sonst wäre ich schon ausgezogen. Meine Schwester wohnt mit ihrem Freund zusammen. Er studiert, und sie ist bei der Deutschen Bank. Meine Schwester schämt sich für mich, und wir sehen uns mal zu Weihnachten, wenn sie zu Besuch kommt.

Lieber Gott, letzte Woche war es für mich klar, daß ich noch einen Versuch mache mit Dir. Sag mir, was ich hier eigentlich soll! Hast Du mich zum Videogucken, Biertrinken und Rumgammeln vorgesehen? Sollte ich das schlechte Beispiel für meine Schwester sein? Dann hab' ich doch jetzt meinen Auftrag erfüllt, oder nicht?

Gott – mich braucht keiner! Also, wenn ich nichts zu tun habe den ganzen Tag und nichts verdiene, kriege ich doch auch keine Freundin und keine Wohnung und muß immer so bleiben, wie ich jetzt bin. Und zurück und noch mal von vorne anfangen, das geht nicht. Ich will das auch nicht. Es war eben alles Mist. 18 Jahre lang nur Streß.

Im Grunde gibt's nur zwei Möglichkeiten: Ich bring mich um oder geh in die Klapse.

Lieber Gott, letzte Woche habe ich mich erinnert an das, was meine Oma mir immer gesagt hat. Du wolltest nicht, daß Menschen unglücklich werden. Und Du wolltest auch nicht, daß man sich selbst tötet.
 Jetzt bitte ich Dich, lieber Gott, damit ich das nicht tun muß: Nimm mich hier weg. Bitte.

Werner Kropp

(* Brief eines 18jährigen Arbeitslosen)

FEIGHEIT

Sie führten Jesus zum Hohenpriester, wo sich alle versammelt hatten, Priester, Älteste und Schriftausleger; er aber war allein, nur Petrus folgte ihm, als einziger, von weitem, setzte sich unter die Knechte im Hof und ging, um sich aufzuwärmen, ans Feuer.

Da trat eine Magd auf ihn zu, ein Mädchen aus dem Palast des Hohenpriesters, die sah Petrus, wie er sich wärmte, und schaute ihm ins Gesicht: »Bist du nicht auch mit dem Nazarener zusammengewesen, diesem Jesus?«

Aber Petrus leugnete: »Ich weiß nicht, was du sagst. Wovon redet die Frau?«

Und er verließ den Wachraum und ging hinaus in den Hof, doch die Magd ließ ihn nicht aus den Augen und sagte den Leuten ringsum: »Der da! Das ist einer von ihnen!«

Aber Petrus rief: »Nein, ich gehöre nicht zu ihm.«

Die Leute jedoch, die das hörten, sagten, kaum hatte er es geleugnet, zu ihm: »Du bist einer von ihnen, aus Galiläa. Deine Sprache verrät dich.«

Da begann Petrus zu fluchen, hob die Hand zum Schwur und stieß Verwünschungen aus: »Ich kenne diesen Menschen nicht, von dem ihr sprecht.«

Da krähte ein Hahn, schon zum zweiten Mal, und Petrus dachte daran, daß Jesus gesagt hatte: »Bevor der Hahn zweimal kräht, wirst du mich dreimal verleugnen.«

Da ging Petrus hinaus und weinte bitterlich.

(Matthäus 26, 69–75)

Ich möchte nicht wissen, was ich gemacht hätte, allein am Feuer – um mich herum Soldaten, Mägde, Waffen, Gelächter, Flüche. Petrus hat sich wenigstens bis in den Hof getraut, allein, in die Höhle des Löwen. Geflohen ist er nicht. Und wenn er die Möglichkeit gehabt hätte, vor dem Hohenpriester Rede und Antwort zu stehen – wer weiß, ob er da nicht den Mund aufgetan hätte. Aber so eine blöde Magd, darauf ist doch kein Mensch vorbereitet!

Ich möchte nicht wissen, was ich gemacht hätte. Oder Präses Linnemann, oder Maria Jepsen? Oder Sie? Wären wir ihm überhaupt bis in den Hof gefolgt, oder hätten wir uns nicht vorher in die Büsche geschlagen?

Petrus – ein Feigling? Ich weiß nicht.

Helden kommen in der Bibel nicht vor, oder wenn, dann nur welche mit Fehlern. Jakob ist zugleich ein Betrüger; Maria will Jesus nach Hause holen, weil sie glaubt, er sei verrückt geworden; Paulus verfolgt die christliche Gemeinde. Zu diesen Leuten muß ich nicht ehrfürchtig aufschauen, die sind auch nicht besser als ich.

Ganz anders die Glaubens- und Blutzeugen Jesu Christi, die früher alle in meinem Religionsbuch aus dem Gymnasium aufgezählt waren: Bonifatius, Johan Hus, Gustav Adolf, Ludwig Nommensen, Traugott Hahn, Paul Schneider und auch Dietrich Bonhoeffer. Die standen fest in ihrem Glauben, die haben sich nicht in die Büsche geschlagen – und deshalb kann ich persönlich nicht soviel mit ihnen anfangen. Petrus, der seinen Kopf rettet, als eine blöde Magd ihn anquatscht, ist mir näher. Ein Feigling ist er deswegen noch lange nicht.

Was ist denn so verwerflich, Angst zu haben? Stellen wir uns doch einen Moment lang vor, Petrus hätte auf die Frage der Magd anders geantwortet, er hätte ein Bekenntnis abgelegt: »Bist du nicht auch mit dem Nazarener zusammengewesen?« – »Jawohl, denn dieser Nazarener ist in Wahrheit der Messias, der Sohn des lebendigen Gottes, der gekommen ist, um alle Menschen zu retten.« Hätte diese Antwort den Petrus glaubwürdiger gemacht? Mir wäre er vorgekommen wie ein

Vorläufer der Fundamentalisten, die zu jeder unpassenden Gelegenheit glauben, ein Bekenntnis ablegen zu müssen.

Nein, ich kann den Petrus gut verstehen – und unter uns gesagt: Wir, im Deutschland des Jahres 1995, wir haben überhaupt nicht das Recht, ihn einen Feigling zu nennen. Anders als zu seiner Zeit kostet es uns gar nichts, uns als Christen zu erkennen zu geben. Es kostet uns nicht das Ansehen, es kostet uns nicht die Heimat, es kostet uns nicht den Hals. Anders als Petrus werden wir dereinst sehr wahrscheinlich nicht am Kreuz enden. Es kostet nicht viel, Christ zu sein.

Bei uns ist das Christentum eher ein Billigprodukt. Zutreffend spricht die letzte Kirchenmitgliedschaftsbefragung von den »Christen in Halbdistanz«. Wir äußern uns kritisch über die Kirche, lehnen aber den Glauben nicht ab – nur: Er muß ja nicht gleich zu einem sozial auffälligen Verhalten werden. Nicht zu sehr auffallen; mit dem Glauben – das muß letztlich jeder selber wissen.

Da krähte der Hahn – und Petrus ging hinaus und weinte bitterlich. Petrus war kein Feigling. Er hat sich verhalten, wie wir uns auch verhalten hätten. Doch als der Hahn kräht, erinnert er sich und schämt sich. Bertolt Brecht sagt: »Nirgends ist der Mensch soviel Mensch, als wenn er sich schämt.«

Ich bin kein Glaubensheld. Wahrscheinlich ist es keiner von uns. Wir werden diesem Jesus wohl nicht überallhin folgen. Ab und zu werden wir uns auch in die Büsche schlagen, weil wir den Konflikt scheuen, die Bequemlichkeit lieben und uns um eine klare Stellungnahme herumdrücken. Wir sind auch nur Menschen. Darum sollten wir Gott bitten, daß er uns hin und wieder einen Hahn schickt, damit wir uns ab und zu schämen und über uns weinen können.

Hans-Martin Lübking

FOTOSPRACHE

Der Kirchenchor hatte sein 50. Wiedergründungsjubiläum nach dem Zweiten Weltkrieg. Das sollte natürlich groß gefeiert werden. Befreundete Chöre wurden eingeladen, die Gemeindechronik wurde gewälzt, und es wurde fleißig für einen musikalischen Festgottesdienst geübt.

Natürlich sollte es auch ein schönes Foto geben, in der Kirche aufgenommen, so wie damals beim 40. Jubiläum. Der Fotograf kam. Mit viel Spaß und witzigen Bemerkungen wurde ein fröhlicher Chor abgebildet.

Rechtzeitig zum Jubiläumsabend hing das neue Bild neben dem alten, das 10 Jahre zuvor aufgenommen worden war. Die Sängerinnen und Sänger erhielten auch je ein Bild. Nun geschah beim Betrachten der Bilder etwas Merkwürdiges. Die fröhliche, unbeschwerte Jubiläumslaune wich einer großen Nachdenklichkeit.

»10 Jahre sind doch eine große Zeitspanne«, sagte ein Sänger im Tenor und wies auf seine ergrauten Haare hin. Auf dem alten Bild stand er an gleicher Stelle noch mit tiefschwarzem Haar. Andere stellten etwas traurig fest, wer inzwischen verstorben war oder aus Altersgründen nicht mehr mitsingen konnte. »Ja, der Zahn der Zeit, der nagt an uns allen«, meinte eine Sängerin aus dem Alt.

Am Jubiläumsabend erinnerte der emeritierte Pfarrer der Gemeinde an das erste Lied, das der Chor nach 1945 einstudiert hatte.

Im November, mit Blick auf die bevorstehende Adventszeit, wurde damals gesungen:

»Dem in der Finsternis wandelnden Volke erschien ein helles Licht! Es ist Tag geworden über die, die vom Schatten des

Todes umgeben waren. Herr, du hast deine Erde gesegnet, und unsere Bande hast du gelöst.«

Dieses Chorstück nach Jesaja 9 sprach damals unmittelbar zu den Menschen, die Krieg und Kirchenkampf überlebt hatten. Sie sehnten sich nach einem Neubeginn. Das Licht, das damals leuchtete, war die Gnade, trotz allem Schrecklichen und aller Schuld neu anfangen zu dürfen.

Es ist vieles anders geworden inzwischen. Auch im Chor. Manchmal liegt über den Sängerinnen und Sängern so etwas wie eine Gottesfinsternis. Die alten Texte und Lieder können nicht immer gleich die Herzen der Chormitglieder erreichen. Neue Worte und Melodien werden von manchen skeptisch betrachtet. Das gilt auch für die Frage nach dem Älterwerden, die durch das Foto buchstäblich auf dem Tisch lag.

So mußte denn Gott selbst zu diesem Chor sprechen. Er hat es wirklich durch das Foto getan. Dieser Predigt der eigenen Vergänglichkeit konnte niemand ausweichen.

Daß an dem Sonntag, als der Chor seinen festlichen Dankgottesdienst feierte, der Psalm 90 der Psalm des Sonntags war, war gewiß kein Zufall. Der erste Satz dieses Psalms heißt ja: *»Herr Gott, du bist unsere Zuflucht für und für.«*

Alle spürten: Gegen die Vergänglichkeit gibt es keine andere Zuflucht, keinen anderen Unterschlupf als Gott selbst. Der, von dem gilt, daß 1000 Jahre vor ihm wie ein Tag sind, der trägt auch jeden und jede bis ins Alter und durch den Tod hindurch bis in die Ewigkeit. Der Psalm wurde im Gottesdienst im Wechsel Chor/Gemeinde gesprochen. Vers 14 klang vom Chor dann wirklich fröhlich:

*»Fülle uns frühe mit deiner Gnade,
so wollen wir rühmen und fröhlich sein unser Leben lang.«*

Das gilt auch gerade dann, wenn auf dem nächsten Foto alle wieder älter aussehen werden ...

Gerd Kerl

FREMDE

Reisen fasziniert die Menschen. Wie Bienenschwärme strömen Tausende zur Ferienzeit an die Küsten rund um den Globus, in fremde Städte und Länder. Es gleicht einer jedes Jahr neu inszenierten Prozession zum ersehnten Kultort Fremde. Dabei wiederholt sich immer das gleiche Ritual: Auf den Bahnhöfen, den Flughäfen und den Autobahnen gleichen sich die Bilder. In Schlangen erwartungsvoll wartende Menschen und stehende Autos. Im Gepäck ein Stück Heimat: die eigenen Kleider, Fahrräder, Kinderbetten und Bettzeug. Aber auch der »polyglott«-Reiseführer, die letzte Ausgabe des »Spiegel« oder »Stern«, die auf den Werbeseiten »Freiheit und Abenteuer« in der Fremde verheißen. Das will man erleben; jeder für sich und alle gemeinsam singen die Hymne der Touristen von Reinhard Mey:

»Über den Wolken, muß die Freiheit wohl grenzenlos sein./
Alle Ängste, alle Sorgen sagt man,/
blieben darunter verborgen und dann ...«

Was treibt die Menschen dazu, jedes Jahr die Tourismus-Tortur in kilometerlangen Staus über sich ergehen zu lassen? Was drängt die Menschen, zum Ort des Kultes, dem Urlaubsort, zu pilgern wie einst das Volk Israel zum Zion oder die Pilgerfahrer nach Jerusalem?

Eines unterscheidet den modernen Urlaubspilger von seinen Vorfahren. Er will etwas erleben. Das ist unser Kult. Mögen die Ziele auch unterschiedlich sein, ich vermute dennoch, die Sehnsucht der Pilger ist die gleiche: den Alltag für einen Moment vergessen, etwas Nicht-Alltägliches erleben, ausspannen, ausruhen, Kraft tanken. Aber auch die Sehnsucht, unterwegs zu sein. Ist das nicht Freiheit, so mit mir selbst in der Welt unterwegs zu sein – ungebunden vom morgendlichen Aufstehen und dem täglichen Arbeitstrott? Wie Easy Rider mit dem Motorrad durch die Wüste – cliff-hanging vom Eiffelturm – Extrembergsteigen in den Anden?

Reisen hat viel mit meinen Sehnsüchten, Zielen und Trieben zu tun. Das Reisen zeigt den Menschen, wie er unterwegs ist:

»Heute hier, morgen dort, bin kaum da, muß ich fort./
Hab' mich nie deswegen beklagt./
Hab' es selbst so gewählt, nie die Jahre gezählt,/
nie nach gestern und morgen gefragt ...
Manchmal träume ich schwer und dann denke ich, es wär'/
Zeit zu bleiben und nun was ganz anderes zu tun ...«
(Hannes Waader)

Eine biblische Geschichte kommt mir in den Sinn. Es ist die Erzählung vom verlorenen Sohn, die in einer modernen Variante der Sehnsucht des Menschen nach Freiheit und Abenteuer sehr verwandt ist (Lk 15, 11–32). Den Sohn vom Lande packt das Reisefieber. Er will, so hat es den Anschein, aus seiner Alltäglichkeit ausbrechen. Er läßt sich vom Vater sein Erbteil ausbezahlen und geht in die Fremde und lebt oder besser erlebt die Welt mit ihren Vergnügungen. Und dennoch: In der Fremde erinnert sich der Sohn an sein Zuhause. Seine Träume sind schwer, wie Hannes Waader singt. Und in Gedanken schreibt er einen Brief an seinen Vater:

»Nun bin ich hier. Mitten in Hamburg am Bahnhof. Es ist Nacht. Penner um mich herum. Sträunende Hunde und ein paar Junkies. Früher hätte mich das schockiert. Auf dem Land war die Welt eben noch in Ordnung. Bei Euch, Vater und Mutter, bekam ich alles und habe ich – alles in allem – eine schöne Jugendzeit verbracht. Mir ging's gut. Aber jetzt? Ich bin fertig. Einfach am Ende. Das Geld, das ich als Erbteil ausbezahlt bekommen habe, ist ausgegeben! Na ja, ich hab' gut gelebt, solange das Geld reichte. Ich habe die Welt gesehen: Los Angeles – Bahamas – Südsee. Als das Geld weg war, habe ich versucht zu arbeiten. Auf einem Container-Schiff habe ich angeheuert. Hier in Hamburg habe ich mich aus dem Staub gemacht. Und hier bin ich jetzt. Was soll ich machen?

Natürlich denke ich an zu Hause. Ich war ganz schön blöd, das alles einfach aufzugeben. Die Ferne hat ihren Reiz verloren. Kleinigkeiten aus meiner Kindheit fallen mir wieder ein. Den Haustürschlüssel legen wir seit Jahren in die obere Schublade der kleinen Kommode im Flur. Flur, Küche und Wohnzimmer: Alles hat seine Ordnung, in der man sich orientieren kann. Zu wissen, daß die Handtücher im grünen Schrank, das gute Besteck im Wohnzimmerschrank rechts unten sind – immer an der gleichen Stelle, im Schlaf würde ich es finden.

Über eines muß man sich klar werden: Wer in die Ferne geht, der läßt Vertrautes hinter sich. Und es kann passieren, daß man sich nach zu Hause sehnt. So wie ich! Da merkst Du: Es ist lebenswichtig zu wissen, wohin du gehörst. Der Mensch braucht ein Zuhause. Etwas, woran er sich halten kann. Ja, Mensch, in der Ferne kannst du zu einem verlorenen Sohn werden. Und dann ist es gut zu wissen, was zu Hause ist. Aufgenommen zu sein – Menschen zu haben, die mich annehmen. Ob noch alles so dasteht, wie damals, als ich das Haus verlassen habe?«

Solche oder ähnliche Gedanken mag sich der verlorene Sohn in der Fremde gemacht haben. Ein Stück der Heimat braucht jeder auf dem Weg in die Fremde. Für mich ist das ein Psalmwort, das zu einem (Über)lebensvers geworden ist: *»Wie köstlich ist deine Güte, Gott, daß Menschenkinder unter dem Schatten deiner Flügel Zuflucht haben!«* (Psalm 36,8) Ein Wort, das seit langem mit mir geht, das mich begleitet, wo ich auch bin. Ein Segenswort und zugleich ein Angebot – nicht aus dem Neckermann-Katalog, sondern aus der Bibel. Die Bibel nehmen die wenigsten mit auf die Reise, aber gottlob liegt sie noch in vielen Hotelzimmern – in der Nachttischschublade oben rechts. Oft auch ein Stück Heimat in der Fremde!

Ralf Hoburg

GEDULD

*U*nterwegs mit dem Auto zu einem wichtigen Termin in Dortmund: Wir sind zu viert und unterhalten uns angeregt. Plötzlich nach dem Kreuz Dortmund–Unna das, was Pessimisten immer vorhersagen: Stau.

Nach fünf Minuten nur geringfügige Bewegung. Anfangs geht das Gespräch weiter, als ob nichts geschehen wäre. Doch dann macht sich Ungeduld breit, erst langsam, fast unbemerkt, doch unaufhaltsam.

Fünfzehn Minuten stehen wir schon, und es geht (fast) nicht voran. Wir hatten die Fahrtzeit großzügig berechnet, aber allmählich schmilzt das Zeitpolster. Und dann plötzlich ist uns allen klar: Wir kommen zu spät.

Da tröstet wenig, daß andere aufgrund des Staus wohl auch nicht rechtzeitig eintreffen werden. Die Stimmung wird gereizt: Warum sind wir nicht einen anderen Weg gefahren? Warum nicht mit der Bahn? Und: Was mag da vorne bloß los sein?

All diese Fragen sind zwar verständlich, helfen im Augenblick aber wenig weiter.

Im Gegenteil: Sie steigern die innere Unruhe.

Das einzige, was weiterhilft, ist Geduld. In einem Nachschlagewerk lese ich: Geduld ist »das auf der Haltung der Gelassenheit beruhende ... Standhalten, die Ausdauer ... und das Wartenkönnen auf den rechten Augenblick des Handelns«.

Es gibt immer wieder neu »Stau-Situationen« in meinem Leben, wo nicht hektische Aktivität gefragt ist, die mich scheinbar beruhigt, sondern Geduld, das Warten auf den rechten Augenblick des Handelns. Die Kunst ist, diesen rechten Augenblick zu erkennen. Die Kunst ist, Geduld nicht mit Passivität zu verwechseln.

Geduld ist eine Unterscheidungskunst: Wann und wie handele und entscheide ich? Jetzt oder besser später? Oder vielleicht manchmal auch gar nicht – weil es nichts zu handeln und zu entscheiden gibt!

Geduldig sein – das ist eine Lebens-Kunst: geduldig mit anderen sein und geduldig mit mir selbst.

Ich erinnere mich an das mutmachende Psalmwort: *»Barmherzig und gnädig ist der Herr, geduldig und von großer Güte«* (Psalm 103,8). Gott ist geduldig: Er vertraut mir, auch wenn ich immer wieder eigene Wege gehe; wenn ich meine, gut ohne ihn auszukommen.

Er traut mir zu, daß ich mich verändern kann, daß neue Lebendigkeit in meinem Leben entstehen kann.

Ich wünsche mir, daß seine Geduld zumindest etwas auf meine abfärbt.

Auch wenn sich jeder Verkehrsstau irgendwann auflöst, bei der nächsen Fahrt nach Dortmund werde ich vorher den Verkehrsfunk hören – oder doch gleich mit der Bahn fahren. Denn meine Geduld ist an anderer Stelle nötiger.

Matthias Gössling

GROSSE KINDER

Kleine Kinder – kleine Sorgen, sagt man. Große Kinder – große Sorgen. Ein blöder Spruch.

Monika Funke hat zwei Kinder, 15 und 18 Jahre alt. Sie ist Lehrerin. Ihr Mann und sie sind froh, daß die Kinder größer sind. Kein Windeln waschen mehr, keine ständigen Kinderkrankheiten, keine Kämpfe ums Fernsehen oder um die Süßigkeiten. Richtig reden kann man jetzt mit ihnen und jede Menge von ihnen lernen. Zwei zusätzliche Gesprächspartner im eigenen Haus.

Doch Monika Funke merkt auch, daß die Kinder anfangen, ihren eigenen Weg zu gehen. »Ich werde nie Lehrer, dann müßte ich ja beknackt sein«, hat neulich der jüngere Sohn von sich gegeben. »Zu viel Streß, zu wenig Kohle.« Monika Funke hat nie einen Wert darauf gelegt, daß eines ihrer Kinder denselben Beruf ergreifen sollte wie sie. Aber muß das Desinteresse an ihrer Arbeit gleich so massiv sein?

Kinder sollten ihre eigenen Wege gehen. Theoretisch weiß Monika Funke das auch. Aber sie hätte es doch gern gesehen, wenn eines ihrer Kinder sich auch in einer Friedens- oder Umweltgruppe engagiert hätte – so wie sie es schon seit Jahren tut –, einen Bogen um McDonalds machte, auch mal im Second-Hand-Laden einkaufte. Aber nein, das interessiert keinen. Der Trend zeigt in die andere Richtung: teure Klamotten kaufen, kein Müsli sein und kein Grüner. Sonst ist man schnell out in der Klasse. Und das wollen ihre Kinder nicht sein.

Trotzdem ist Monika Funke froh, daß die Kinder da sind. Sie bringen auch manchmal Unruhe und Konflikte, aber sie bringen vor allem Leben, Gespräche, Neuigkeiten. Und das hält jung, ihren Mann und sie. Doch beide sehen auch schon mit Bangen dem Tag entgegen, an dem ihre Kinder das Haus verlassen.

Die ältere Tochter fängt schon an, sich von zu Hause zu lösen. Neulich haben sie den ganzen Abend auf sie gewartet. Sie wußten nicht genau, wo sie war – und sie kam und kam nicht nach Hause. Sie haben sich Sorgen gemacht, und ihr Mann hat sich ans Telefon gesetzt, um überall anzurufen. Nichts. Am Morgen war sie dann wieder da – und verstand die ganze Aufregung nicht: »Ich bin 18. Daran werdet ihr euch gewöhnen müssen.«

Theoretisch weiß Monika Funke das alles: Kinder müssen sich von den Eltern lösen. Sie müssen ihre eigenen Erfahrungen machen. Nur so werden sie selbständig.

Das alles sagt sich leicht, in der Praxis ist das schwieriger: Sie möchte ihre Kinder doch vor Fehlern bewahren, möchte doch gern noch etwas Einfluß behalten.

Es ist schwer, loszulassen und Abschied zu nehmen – vor allem im Verhältnis zu den eigenen Kindern. Eine kluge Frau hat einmal gesagt: »Kämpfe nie mit deinen Kindern – aus dem einfachen Grund, weil du letztlich verlierst.« Man mag hinzufügen: Wenn du aber nie mit deinen Kindern gekämpft (sprich: dich auseinandergesetzt) hast, verlierst du erst recht. Die Kinder sitzen am längeren Hebel. Sie werden ihren eigenen Weg gehen, und wir werden Abschied nehmen müssen von der Illusion, über ihre Entwicklung bestimmen zu können.

Eine Ohnmachtserfahrung, aber eine heilsame! Ich bin nicht allmächtig, und meine Kinder sind nicht mein Eigentum.

Das ist zugleich eine christliche Grundeinsicht, ausgesprochen bei jeder Taufe. Unsere Kinder gehören uns nicht. Sie sind frei, sie gehören Gott. Uns sind sie anvertraut, mehr nicht. Wir können weder über sie verfügen, noch sie einfach sich selbst überlassen.

Und das ist gut so. Bei allmächtigen Eltern haben Kinder keine Chance.

Hans-Martin Lübking

HÄNDE

»David aber sprach zu Gad:
Es ist mir sehr angst,
aber laß uns in die Hand des Herrn fallen,
denn seine Barmherzigkeit ist groß;
ich will nicht in der Menschen Hand fallen.«
(2 Samuel 24,14)

An ihren Händen sollt ihr sie erkennen.

Das ist ja in der Tat so abwegig nicht, und nicht nur ein Sherlock Holmes wählte diesen Weg zur Ersteinschätzung eines Mitmenschen. Ob wir langgliedrige, gepflegte Hände oder derbe mit Schwielen übersäte wahrnehmen, beringte und geschmückte oder hinter dem Rücken versteckte, das erzählt schon einiges über die Lebensweise und Einstellung eines Menschen. Und ob Hände zu Fäusten geballt oder freundlich ausgestreckt sind, offenbart Empfindungen und Gefühle.

An ihren Händen sollt ihr sie erkennen.

Wie müßten denn die Hände der Christen aussehen, wenn man sie als solche erkennen soll? Die Antwort mag überraschen, vielleicht sogar schockieren: Sie sollten schmutzig und dreckig sein! Und das nicht, weil man auf Hygiene keinen Wert legt, sondern weil man sich in die Dinge dieser Welt kniet und dort zupackt, wo Not an Frau und Mann ist. Christen dürften sich nicht scheuen, sich die Hände schmutzig zu machen. Es gilt, andere aus dem Dreck zu ziehen, Wunden zu verbinden und auch heiße Eisen anzufassen. Es gilt, Leid zu teilen; die in die Arme zu nehmen, die unansehnlich sind;

sich mit dem zu belasten, was andere belastet. Und das geht nicht, ohne daß man dabei sein Fett abbekommt.

Ein Christ kann wohl schwerlich als Saubermann leben, der eine reine Weste zur Schau trägt und seine Hände in Unschuld wäscht. Es ist ja nicht nur allein Pilatus, der sich auf solche Weise heraushält und vor der Verantwortung drückt. Nach ihm haben das viele versucht, all diese vielen Biedermänner, die Haus und Garten sauber halten, aber das Elend vor der Tür nicht sehen. Und häufig ist das ja so, daß man nur dann seine Hände nicht schmutzig machen muß, wenn andere das für einen erledigen. Hinter den blütenweißen Kragen verbergen sich ja oft dunkle Machenschaften. Also dann schon lieber offen und ehrlich »Dreck am Stecken«; aber den Dreck, in den ich den anderen nicht versinken lasse.

Die schmutzigen Hände der Christen kommen nicht von ungefähr. Diese Hände sind in Wahrheit betende Hände, die sich nach Gott ausrichten. Denn Gott hat sich ja vor allem anderen die Hände schmutzig gemacht. Als er es mit der Welt und mit den Menschen zu tun haben wollte, hat er in den Staub gegriffen und den Menschen aus Erde und Ton geformt, und spätestens seit der Vertreibung aus dem Paradies wußte er, daß diese Menschheit mitunter eine schmutzige Angelegenheit ist. Dennoch hat er seine Hand nicht davongelassen, hat gehalten und geleitet und beschützt durch alle Zeiten hindurch.

In seinem Sohn Jesus Christus hat er sich dann restlos besudelt. Er hat auch den dicksten Schlamassel geteilt, in dem Menschen stecken können. Als sie ihm die Ehebrecherin vorführten, daß er sie verurteile, zeichnete er mit den Fingern im Staub, als wolle er ganz bewußt die Schande mit ihr teilen. *»Wer von euch ohne Schuld ist, der nehme den ersten Stein und werfe.«*

Der einzige, der wirklich ohne Schuld ist, zeigt sich solidarisch mit den Schuldigen. Später dann hat er seine Hand für die Welt ins Feuer gelegt. Wir können den Christus nicht anders haben als mit schmutzigen und durchbohrten Händen. Das letztere will er uns ersparen, das erste aber uns aufgeben.

Ich habe am Anfang von dem uns gewohnten Händeschütteln gesprochen. In einigen Sportarten hat sich eine neue Form des Händegrußes eingebürgert. Man klatscht sich ab, übrigens gerade nicht nur im Moment des Erfolges. Man klatscht auf die Hände des Mitspielers, als wolle man seine Kraft und sein Geschick weitergeben. Und man läßt sich abklatschen, als wolle man sein Unvermögen und Mißgeschick wegwischen lassen. So kann man Glück und Leid miteinander teilen und sich Mut machen zur gemeinsamen Anstrengung.

Laßt uns also die Hände reichen und über den Händedruck auch zum Schulterschluß finden, indem wir gemeinsam Verantwortung übernehmen für das, was um uns herum nicht in Ordnung ist. Wir können in unseren Gottesdiensten gemeinsame Anliegen ins Gebet nehmen. Wir können in unseren Gruppen und Kreisen wichtige Themen aufgreifen und uns austauschen. Wir können auch gemeinsam handeln, etwa indem wir uns schützend vor Menschen stellen, die angefeindet werden, oder den falschen Saubermännern entgegentreten und ihre wahren Interessen aufdecken.

Wir werden uns dabei die Hände schmutzig machen. Das mag uns ängstigen. Wir werden aber dabei mit Christus Gott in die Hand fallen und nicht den Menschen.

Ernst-Udo Metz

HEIMAT

*»Wir haben hier keine bleibende Stadt,
aber die zukünftige suchen wir.«* (Hebräer 13,13)

Eine Heimat zu haben, ist ein Grundrecht jedes Menschen. Wo das Zuhause streitig gemacht wird, geht das Leben verloren. Wo aber ein Leben nach Hause kommt, findet es Erfüllung. Auf der Suche nach Heimat hören wir im Hebräerbrief von der Stadt, in der keine Bleibe ist, und von einer zukünftigen, die uns versprochen ist. Wie aber kommen wir von der einen zur anderen, welche Verbindungen gibt es da, und kann unsere Suche Erfolg haben? Was nützen uns die Vision und der Traum von einer kommenden Stadt, wenn wir doch erst einmal dort bleiben müssen, wo keine Bleibe ist? Wir können nicht unsere Stadt auf den Kopf stellen, wir können sie nicht nach unseren, geschweige denn nach Gottes Plänen umkrempeln.

Und wir müssen das auch nicht. Gott selbst wird seine Zukunft heraufführen. *»Wenn der Herr nicht das Haus baut, so arbeiten umsonst, die daran bauen.«* (Psalm 127,1) Gelassen dürfen wir also darauf warten, daß der Traum Wahrheit wird. *Das* werden wir nicht bewerkstelligen. Daß der Traum aber lebendig ist, daß er geträumt wird, dafür sind wir verantwortlich.

»Ein großer Traum macht hungrig und unversöhnt mit dem Hier und Jetzt. Wenn die Sklaven nicht wissen, was Freiheit ist, dann leben sie zwar leichter. Dann ist ihr Los natürlicher, und sie sind auch in der Entfremdung ein Stück zu Hause.

Aber wenn sie von der Freiheit gehört haben und ihre Bilder gesehen haben, dann wachen sie auf, sehen sich um und fühlen sich fremd im Land.« (Fulbert Steffensky) Wer von der zukünftigen Stadt träumen darf, wird die alte mit neuen Augen sehen. Er wird wissen, wo er sich auf keinen Fall mehr einrichten darf, womit er sich nicht abfinden darf, weil der Abbruchbagger schon um die nächste Ecke stehen könnte. Er wird aber auch wissen, welche Ansätze lohnenswert sind, wo er mitmachen darf, weil er künftige Baukolonnen im Geiste schon marschieren sieht.

Neulich wurden Konfirmanden und Konfirmandinnen gebeten, sich Bilder auszusuchen, die etwas von ihnen selbst erzählen. Einer hatte ein Bild, da stand in endloser Reihe das Wort »Nein« drauf. Mal abgesehen von notorischem Widerspruchsgeist und bequemer Verweigerungshaltung: Ich glaube in der Tat, daß wir gerade das Nein-Sagen lernen müssen, denn Ja-Sager und Kopfnicker haben wir schon genug. Die Zerstörung des Stadtklimas durch drohende Kühltürme und Benzolanlagen, die Zerrissenheit unserer Stadt durch breite Asphaltbänder, auf denen der Unfalltod billigend in Kauf genommen wird, und die soziale Kälte im Miteinander der Menschen brauchen mehr denn je unser entschiedenes Nein. Das können wir jetzt einüben, und das ist schwierig genug.

Das »Nein« aber hat nur eine Kraft, wenn es in einem großen »Ja« gründet. Das Ja zu einer Menschlichkeit, die oft von anderen belächelt wird, wenn man den eigenen Vorteil aufgibt, um einem anderen zu helfen; wenn man Unbequemlichkeiten in Kauf nimmt, um jemandem beizustehen, wenn man, als Traumtänzer verschrien, an seinen Hoffnungen festhält.

Der Anwalt Hans Litten, der in der Weimarer Republik vor allem Sozialisten verteidigte, wurde von den Nazis nach unbeschreiblichen Folterungen im Konzentrationslager umgebracht. Vorher aber wird folgende Szene von ihm berichtet:

Die SS hatte ein Fest befohlen, das die Gefangenen gestalten sollten. Litten hatte es übernommen, ein Gedicht vorzutragen, und am Ort des Grauens zitierte er die dritte Strophe jenes Liedes, das er in der Jugendarbeit seiner Zeit so verinnerlicht hatte:

»Und sperrt man mich ein in finstere Kerker,
das alles sind rein vergebliche Werke,
denn meine Gedanken zerreißen die Schranken
und Mauern entzwei: Die Gedanken sind frei.«

Welche Lieder werden wir singen? Immer nur das Lied dessen, dessen Brot ich esse? Die Hymnen derer, die uns vor ihren Karren spannen wollen? Oder das Lied, das aus dem letzten Loch der Resignation pfeift? Oder singen wir die »Es-wird-einmal-sein-Lieder«? Werden wir »Nein« sagen, wo es nötig ist, und werden wir unser »Ja« all den ungläubigen Staunern entgegenrufen, weil wir ihnen mit unserer Hoffnung ein Stück voraus sind?

Das jedenfalls entscheidet darüber, ob wir unterwegs sind von der Stadt, in der keine Bleibe ist, hin zur zukünftigen. Das bringt die Verbindung zustande von der einen zur anderen. Dafür muß man mitunter keinen Zoll seinen Fuß bewegen, aber höchst beweglich sein in dem, was man sich vorstellen kann – und was nicht. Daß wir dies können, dazu gebe Gott seinen Segen, ihm zur Ehre und den Menschen zum Wohle.

Ernst-Udo Metz

HELDENGESCHICHTEN

*E*in Kerl wie ein Baum! Mit bloßen Händen zerreißt er einen Löwen. Nur durch ein Zucken seiner Muskeln sprengt er die Fesseln seiner Arme. Mit dem Kinnbacken eines Esels schlägt er tausend Feinde in die Flucht. Die Rede ist von Simson, von dem am Anfang der Bibel, im Buch der Richter, erzählt wird. Simson, der Kraftprotz! Simson, der Held!

Da ist die Geschichte von dem Gelage mit den Philistern, den Feinden. Simson hatte die Kühnheit, ja die Frechheit besessen, sich eine philistäische Frau zu nehmen, aus den Reihen der Feinde. Beim Hochzeitsgelage provoziert er seine neuen Verwandten ein ums andere Mal. Die Stimmung wird immer gespannter. Simson stellt Rätselaufgaben, die keiner lösen kann. Es kommt zum Streit, und Simson erledigt locker dreißig Mann. Später jagt er Füchse mit Feuerbränden an den Schwänzen in die Kornfelder der Philister. Halb Israel – man kann es sich vorstellen – lachte sich tot.

Ein andermal weilte er in Gaza – mitten im Philisterland – nachts bei einer Hure. Jetzt glaubten ihn die Philister in der Falle zu haben. Die Stadttore wurden verschlossen. Aber was macht Simson? Um Mitternacht steht er auf, hebt die Stadttore mit den Riegeln aus ihrer Verankerung, legt sie auf seine Schultern und schleift sie viele Kilometer weit auf einen Berg bei Hebron. Ja, das war ein Kerl, der Simson! Man kann es sich vorstellen, wie sich die Israeliten an seinen Siegen über die unbeschnittenen, die verhaßten Philister berauschten.

Doch dann geriet er an Delila, eine schöne Philisterin, und sie wurde sein Unglück. Der starke Mann und die schöne, verschlagene Frau – bis heute ein Stoff für Kinofilme. Die Philister hatten Delila Geld geboten, viel Geld – tausendeinhundert Silberstücke –, falls es ihr gelänge, Simson in einem schwachen Moment das Geheimnis seiner Kraft zu entlocken. Seine langen Haare sind es – und als sie ihm, schlafend im Schoße der Delila liegend, abgeschnitten werden, ist es mit seiner Kraft vorbei. Er wird geblendet und muß im Gefängnis die Mühle drehen. Aber bei einem großen Fest, da holen ihn die Philister zurück, um sich noch einmal an ihm zu ergötzen. Man stellt ihn in die Mitte des Saales aus zwei Säulen, damit er der Menge den Clown spielt. Doch seine Haare waren inzwischen nachgewachsen. Und in einer letzten Aufwallung seiner Kraft reißt er die Säulen um und begräbt sich und die ganze Menge unter den Trümmern.

»*So daß es*«, wie es in der Bibel heißt, »*mehr Tote waren, die er durch seinen Tod tötete, als die er zu seinen Lebzeiten getötet hatte.*«

Ja, das war ein Kerl, der Simson! Ein Held. Eine Heldengeschichte (Richter 13–16)! Heldengeschichten sind heute – zu Recht – aus der Mode gekommen. Aber nur theoretisch. Praktisch werden sie jeden Tag weitererzählt. Auch hier in Villigst, wo nach der Urlaubspause in dieser Woche der Normalbetrieb langsam wieder anläuft. Nun werden auch wieder Heldengeschichten erzählt: »In der letzten Woche hatte ich vier Beerdigungen. Tierisch, kann ich dir sagen. Und dann hatte der Beerdigungsunternehmer auch noch einfach den Termin festgesetzt. Den habe ich vielleicht zur Schnecke gemacht! Der ist jetzt freundlich, kann ich dir sagen.« Oder: »Also neulich in der Ausschußsitzung! Es machte doch keiner den Mund auf. Jeder redete nur um den heißen Brei herum. Bis ich dann aufgestanden bin. Ich habe dann mal ordentlich auf den Tisch gehauen und denen anständig meine Meinung gesagt. Das hat gewirkt, kann ich dir sagen.«
Heldengeschichten! Der einzig Kluge unter lauter Idioten!

Die einzig Couragierte unter lauter Duckmäuserinnen! Heldengeschichten nicht nur von Männern, auch von Frauen: »Also ich habe jetzt einen Selbsterfahrungskurs hinter mir. Da bist du ja hinterher fix und fertig. Aber was da alles in Bewegung kommt. Drei Tage habe ich mit mir gekämpft. Es ging echt an die Substanz. Aber es hat mich total verändert. Und die Beziehungen in der Gruppe! So etwas habe ich noch nie erlebt!«

Heldengeschichten im Büro, bei Tagungen, in den Frühstücks- und Mittagspausen. Der unwiderstehliche Drang, sich selbst wichtig zu machen, den eigenen Anteil an einer Sache herauszustreichen, sich selbst zu erhöhen!

Warum steht die Heldengeschichte von Simson eigentlich in der Bibel? Ein Mann, der seine Kraft vergeudet; dessen Fähigkeiten im Schabernack verpuffen; der am Ende in dem Chaos untergeht, das er um sich herum verbreitet. Ein Held?

Die Bibel kennt nur Helden mit Macken. David ist nicht nur ein großer König Israels, er ist auch ein Ehebrecher und schwächlicher Vater. Maria, die Mutter Jesu, will ihren Sohn zurückholen, weil sie glaubt, er sei verrückt geworden. Und Petrus, der Sprecher der Jünger, ist zugleich ein Großmaul, der sich im entscheidenden Moment von Jesus distanziert.

Warum hat man all das in der Bibel erzählt, hätte man es nicht auch verschweigen können?

Die Bibel ist eben unerbittlich menschlich! Heroen und Heilige, Saubermänner und Moralapostel haben in der Bibel keine Chance. Sie kommen in ihr auch gar nicht vor. Auch keine strahlenden Helden! Höchstens Alltagshelden wie wir mit kleineren und größeren Fehlern: durchaus begabt, aber auch immer wieder versagend; nicht die Schlechtesten, aber auch immer wieder hinter den eigenen Erwartungen zurückbleibend; alles andere als Helden – und darum genau die, an denen Gott offenbar interessiert ist.

Ist das nicht auch entlastend? Ich kann über die Heldengeschichten anderer schmunzeln. Ich brauche auch von mir keine zu erzählen, weil ich mich selbst gar nicht so wichtig machen kann, wie ich für Gott jetzt schon bin – mit meinen Macken.

Hans-Martin Lübking

HELFEN

*E*igentlich konnte es nur ein langweiliger Samstagmorgen werden. Großeinkauf mit den Eltern stand auf dem Programm. Nina befürchtete schon das Schlimmste. Jedoch, es kam ganz anders.

Schon im Bus zur Innenstadt hatte Nina ein merkwürdiges Erlebnis. Ein älterer Herr, Nina schätzte ihn so auf das Alter ihres Opas, stieg in den Bus und verlangte eine Fahrkarte nach Berlin. Nina wartete gespannt auf die Antwort des Fahrers. Der lachte zunächst, doch als sich der alte Herr nicht von seinem Vorhaben abbringen ließ, wurde er laut. »Sie wollen mich wohl auf den Arm nehmen? Machen Sie, daß Sie fortkommen!« Wenn nicht eine junge Frau von hinten gekommen wäre, wer weiß, was geschehen wäre? Sie kannte den alten Herrn von ihren Besuchen im Seniorenheim. Er stammte wohl aus Berlin und konnte sich in seiner neuen Umgebung nicht mehr zurechtfinden. Drei Haltestellen weiter stiegen sie aus. Die Frau geleitete den Herrn in das Wohnheim auf der gegenüberliegenden Straßenseite.

In der Stadt herrschte ein großes Gedränge. »Müßt ihr denn vor jedem Schaufenster stehenbleiben?« Nina wurde es sehr schnell langweilig. Doch dann blieb ihr Blick an einem jungen Mann haften. Er saß auf einem alten abgerissenen Mantel und lehnte sich an die Wand zwischen zwei Schaufenstern. Vor sich hatte er eine leere Büchse stehen. Neben ihm standen drei Plastiktüten, in denen er seine ganze Habe aufbewahrte. Sein Blick sprach die gleiche Sprache wie das speckige Pappschild, das er vor sich hielt: »Ich habe Hunger.«

Sie kannte das, Hunger haben; und doch spürte sie, daß hier von einem ganz anderen Hunger die Rede war. Ninas

Hände verschwanden verlegen in der Manteltasche. Unvermittelt spürte sie ein Geldstück in der Hand. Von Frau Schmittke hatte sie es bekommen. Einmal in der Woche kauft sie für ihre Nachbarin ein, weil sie selbst nur noch sehr schlecht gehen kann. Jedesmal, wenn sie dann vom Einkauf zurückkommt, hat Frau Schmittke eine Überraschung. Mal ein Glas kühle Limonade im Sommer oder eine Tasse Kakao im Winter, manchmal auch ein Markstück, eingewickelt in Seidenpapier.

Dann sitzen die beiden zusammen, und Frau Schmittke erzählt Nina Geschichten aus ihrer Kindheit. Nina hört ihr immer gern zu, denn sie kann gut erzählen.

Doch da holten die Eltern sie aus ihren Gedanken. »Los, Nina, komm schon, träum nicht!« Nina fühlte das Markstück in ihrer Hand.

»Typisch Erwachsene, für die vielen Schaufenster haben sie endlos Zeit, aber wenn ich was ganz Wichtiges entdecke, dann drängeln sie.« Nina riß sich kurz entschlossen los, ging zu dem jungen Mann, schaute ihn an und legte ihm ihre Mark in die Büchse. Der junge Mann lächelte sie an und nickte ihr zu.

Am Abend muß Nina noch einmal an den jungen Mann denken. Warum haben Menschen in unserem Land nichts zu essen? Unsere Läden sind doch alle voll bis oben hin. Da stimmt doch was nicht! Die Mutter schaut Nina nachdenklich an: »Vielleicht, weil wir nur noch Augen für uns haben. Dann merken wir nicht mehr, daß Helfen und Teilen auch Freude machen kann.« Nina schaut ihre Eltern an: »Ich glaube, ich würde auch für Frau Schmittke einkaufen, wenn ich nichts von ihr bekäme, außer ihren schönen Geschichten.«

»Da geht es dir grade wie deiner Mutter«, sagt der Vater, »sie geht auch gern zu deiner Tante und paßt auf den Kleinen auf.«

Die Mutter pflichtet ihm bei: »Stimmt eigentlich, meine

Schwester kann in Ruhe ihre Besorgungen machen, und ich habe meine Freude an dem Kleinen.«

»Und wie ist das bei dir, Papa, wann macht dir das Helfen Spaß?«

Ulrich Walter

HÖFLICHKEIT

*I*ch weise ausdrücklich darauf hin, daß das, was ich jetzt vorlese, in der Bibel steht:

»*Wenn du an einem reichgedeckten Tisch sitzt, dann laß nicht vor Staunen den Mund offenstehen und sag auch nicht:* ›*Das ist mehr, als ich essen kann!*‹ *Denk dran, wie häßlich gierige Augen sind! ... Streck nicht die Hand aus nach etwas, worauf dein Tischnachbar blickt; sonst stößt du mit seiner Hand in der Schüssel zusammen. Laß dir von deinem eigenen Gefühl sagen, was der andere empfindet, und überleg dir genau, was du tust! Was man dir vorsetzt, das iß wie ein Mensch! Schling es nicht in dich hinein, das kann niemand ausstehen! Zeig, daß du dich benehmen kannst, und hör als erster auf zu essen! ... Bist du älter als die anderen Gäste, so steht es dir zu, das Wort zu ergreifen. Sprich nur über Dinge, die du genau kennst, aber ... halte keine langen Reden. Es wäre der schlechteste Augenblick, dein Wissen anzubringen ... Wenn du jung bist, sprich nur, wenn es nötig ist; aber höchstens zweimal und nur, wenn man dich etwas fragt! Faß dich kurz, sag viel mit wenig Worten! ... Wenn es Zeit ist, zu gehen, mußt du nicht der letzte sein. Geh schnell nach Hause und werde unterwegs nicht ausgelassen! ... Und für alles danke deinem Schöpfer, der dich mit so vielen guten Gaben erfreut!*« (Jesus Sirach 31,12 ff.)

Gutes Benehmen versteht sich nicht von selbst, man muß es lernen. Weil man es früher »bei Hofe« gelernt hat, an Adels- und Fürstenhöfen, spricht man von »Höflichkeit«. Über Höflichkeit möchte ich heute sprechen.

Es hat offenbar lange gedauert, bis die Menschen höfliche Umgangsformen gelernt haben. Daß man sich mit dem Messer nicht die Zähne reinigt, nicht im Unterhemd durch die Straßen läuft, die abgenagten Knochen nicht wieder in die gemeinsame Schüssel wirft und seine Notdurft nicht auf der Straße verrichtet, haben unsere Vorvorfahren noch nicht gewußt. Das lernte man erst beizeiten, zuerst bei Hofe, dann durch Adolph Freiherr von Knigge's und andere Benimm-Bücher und nicht zuletzt vielleicht auch noch in der Tanzstunde.

War alles für die Katz?

Gewiß, wir leben nicht mehr im Mittelalter, essen mit Messer und Gabel, geben dem Friseur ein Trinkgeld und beenden einen Brief nicht, ohne freundliche oder herzliche Grüße hinzuzufügen. Trotzdem habe ich den Eindruck, es ging schon mal höflicher unter uns zu. Wenn ich mit dem Auto zum Arbeitsplatz fahre, erlebe ich es kaum noch, daß ein Autofahrer auf seinen Vorteil verzichtet und einen anderen erst einmal vorläßt. Nicht selten erlebe ich es aber, daß Autos mit angestellter Warnblinkanlage auf der rechten Fahrspur geparkt werden, während der Besitzer in einem Geschäft gerade etwas einkauft. Samstags fahre ich manchmal mit der U-Bahn. Kaum daß die Bahn gehalten hat, sind schon nach fünf Sekunden alle Sitzplätze vergeben. Jeder stürzt sich auf einen freien Platz.

Ist Höflichkeit unmodern geworden?
Sozialforscher stellen fest, daß die Deutschen stärker als früher zu ihren Mitmenschen auf Distanz gehen, weniger gesellig sind, sich weniger um andere Menschen kümmern und

sehr viel mehr eigene, mehr egoistische Ziele verfolgen als vor etwa 20 Jahren.

Jede Talk-Show im Fernsehen kann dafür den Beweis antreten. Die Höflichkeitsregeln sind hier meist außer Kraft gesetzt. Wer den anderen ausreden läßt, hat schlechte Karten. Die Sprache ist verräterisch: Eine Fernsehsendung wird gelobt, wenn sie frech und unverblümt ist. Der Trainer lobt seine Fußballmannschaft, wenn sie aggressiv und schonungslos zur Sache gegangen ist. Wenn aber ein Spieler sich beim Schiedsrichter für seinen Gegenspieler einsetzt, um eine zu Unrecht verhängte rote Karte abzuwenden, wird er für diese Selbstverständlichkeit gleich zum Spieler des Monats erklärt.

Was ist eigentlich passiert mit uns?

Ich hatte vor Jahren eine Art Schlüsselerlebnis. Mit meiner Familie war ich nachts von einem dreiwöchigen Urlaub an einem schwedischen See nach Hause gekommen. Nach diesen drei Wochen hatte ich bei Tageslicht noch keinen deutschen Mitbürger gesehen. Am Morgen setzte ich mich aufs Fahrrad und holte Brötchen. Als ich an der Ampel stand und die Gesichter der Autofahrer hinter den Scheiben sah, als ich beim Bäcker in der Schlange stand und die ungeduldigen Leute vor mir und hinter mir registrierte, war ich völlig irritiert. Wieviel Streß, Anspannung und Verkniffenheit schlug einem da entgegen! Das hatte ich drei Wochen lang nicht mehr erlebt.

Jemandem in den Mantel helfen oder die Tür aufhalten, grüßen und vielleicht sogar stehenbleiben und ein paar freundliche Worte reden, beim Essen warten, bis alle etwas haben, und nicht sich selbst zuerst bedienen – alles kleine Zeichen von Höflichkeit, die damit zu tun haben, daß ich mir einen kleinen Moment Zeit nehme, mich von einem anderen Menschen aufhalten lasse und nicht wie Rambo durch die Welt laufe.

Höflichkeit ist eine Form der Aufmerksamkeit füreinander

– und zwar unabhängig davon, ob mir jemand sympathisch ist oder ob ich ihn oder sie überhaupt kenne. Denn Höflichkeit ist die kleine Münze der Menschenwürde, auf die jeder und jede einen Anspruch hat, einfach weil er oder sie ein Geschöpf Gottes ist.

Früher haben wir in der Kirche davor gewarnt, das Christentum zu reduzieren auf ein bloßes »Seid nett zueinander!« Und ich gestehe, daß ich mich auch lustig gemacht habe über die kleinen pusseligen Autoaufkleber mit dem gleichnamigen Slogan, zumal sie auch noch von der Bild-Zeitung propagiert wurden. Diese Zeiten sind vorbei, ich mache mich nicht mehr darüber lustig. In einer Zeit, in der viele zum Tanz ums »Goldene Ich« angetreten sind und Selbstbehauptung als höchster Wert proklamiert wird, brauchen wir eine neue Kultur der Aufmerksamkeit füreinander. Nicht achtlos aneinander vorbeigehen, sondern stehenbleiben und sich erkundigen, Anteil nehmen, ein freundliches Wort sagen und auch Taktgefühl bewahren. Wie das Sprichwort sagt: »Höflich mit dem Mund und hurtig mit dem Hut, kostet nicht viel und ist doch sehr gut.«

Gewiß, das Christentum ist mehr als Höflichkeit, aber die Höflichkeit ist doch die kleine Schwester der Nächstenliebe. Sie geht mit ihr über die Erde und streichelt und stützt. Sie macht alles erträglicher, weil sie ein gutes Wort bereithält, die Wahrheit freundlicher macht, den Humor in ihren Taschen trägt – und dem anderen Menschen seine Bedeutung zurückgibt.

Hans-Martin Lübking

HOFFEN

Über das Warten und das Hoffen kennt der Volksmund ein nicht gerade ermutigendes Sprichwort: »Hoffen und Harren macht manchen zum Narren.« Am zu lange währenden oder gar vergeblich wartenden Hoffen kann man sich lächerlich machen oder auch irre werden.

Anschaulich geworden ist obiges Sprichwort an einem Theaterstück Samuel Becketts: »Warten auf Godot«. Es ist ein Stück über Hoffen und Warten. Das Bühnenbild ist eine Landstraße. Sie kommt aus dem Irgendwo und führt in ein Irgendwohin. Da ist ein einzelner Baum. In seiner Nähe begegnen uns die beiden Landstreicher Vladimir, genannt Didi, und Estragon, genannt Gogo. Beide warten auf einen gewissen Godot. Mit der Zeit gesellen sich zwei Reisende zu ihnen: Der eine ist Pozzo, der Herr, der andere ist Lucky, der Knecht. Alle warten nun gemeinsam auf Godot, den ein stummer Bote zuweilen ankündigt. Und das ganze Stück hindurch warten sie und hoffen sie und warten und hoffen. Godot jedoch kommt nicht.

Das Ganze ist eine Aussage über Warten und Hoffen und auch über die Langeweile des Wartens. Ob es ein Ziel, einen Halt im Warten gibt, bleibt offen. Der Autor gibt uns keine lehrhafte Antwort. In diesem Werk ist das Sprichwort Gestalt geworden: »Hoffen und Harren macht manchen zum Narren.« Andererseits wird auch etwas erahnbar von der lateinischen Erkenntnis: »Der Mensch lebt, solange er hofft.«

Hoffen bestimmt das menschliche Leben vielerorts: Ich hoffe, gesund zu werden nach Krankheit, beschwingt zu werden nach Niedergeschlagenheit, besucht zu werden beim Alleinsein. Ich ersehne und erhoffe nach dem Sommer den

Herbst, nach dem Herbst den Winter, nach dem Winter den Frühling und wieder von neuem. Im Unfrieden hoffen die Menschen auf Frieden. In der sogenannten traurig düsteren Jahreszeit eines zu Ende gehenden Kirchenjahres warten sie auf Advent und Weihnachten.

Hoffnung und Warten sind so etwas wie Geschwister. Immer, wenn wir die Änderung des Augenblicks ersehnen, hoffen und warten wir. Bisweilen zerplatzt die Hoffnung jedoch wie eine Seifenblase. Dies geschieht vor allem oft dann, wenn wir Menschen die Verantwortung unserer Hoffnungen immer den anderen zuweisen. Ich warte auf die, die den ersten Schritt tun müssen: die Kinder, die Nachbarn, den Staat, die Kirche. »Der andere muß sich zuerst entschuldigen, mit dem Frieden anfangen usw. Dann folge ich!« Und dabei hoffen und warten und warten und hoffen wir. Lange. Wie bei Godot.

Paulus spricht von einer anderen Hoffnung. Es ist die, welche nicht zuschanden werden läßt. Solche Hoffnung hat einen Namen und eine Gestalt: Jesus von Nazaret, der Christus. Solche Hoffnung hat ein Ziel: Er kommt, damit in meinem und deinem Leben zurechtkommt, was noch ungereimt und ungeordnet ist. Und diese Hoffnung hat eine Wirkung: Sie macht frei für einen ersten Schritt.

Alle Godots dieser Welt versprechen seit ewigen Zeiten viel und kommen dann nicht. Mit der Hoffnung, von der Paulus spricht, ist es anders. Gott verspricht viel und hält alles. Im Unterschied zu den Godots. Darauf lohnt es sich, zuweilen auch etwas länger zu warten.

Volker Liepe

HUMOR

*H*aben Sie heute morgen schon einmal gelacht?

In der Bibel, in den Sprüchen Salomos (17,22), heißt es: *»Ein fröhliches Herz tut dem Leibe wohl, aber ein betrübtes Gemüt vertrocknet das Gebein.«*

Vielleicht haben Sie heute morgen noch nicht gelacht, darum erzähle ich Ihnen einen Witz:

Ein Prediger, der sich versprochen hat, handelt am besten, wenn er die Zuhörer gar nicht auf seinen Irrtum aufmerksam macht, sondern ruhig fortfährt und sich gar nicht erst zu verbessern sucht.

So hatte sich ein Prediger folgendermaßen versprochen: »Und Petrus krähte, und der Hahn ging hinaus!« Sofort merkt er den Fehler und stutzt. Statt nun, ohne das Versprechen zu beachten, fortzufahren, fühlt er sich zu einer Korrektur verpflichtet und sagt: »Nein, der Hahn ging hinaus, und Petrus krähte!« Er merkt, daß er wieder etwas Verkehrtes gesagt hat, nun sind auch einige Zuhörer aufmerksam geworden, dadurch wird der gute Pastor noch mehr verwirrt, darum versucht er nun alles wiedergutzumachen und ruft mit Donnerstimme: »Ja, meine Lieben, so war's: Petrus krähte, und der Hahn ging hinaus!«

Vielleicht hat jetzt mancher nicht gelacht, sondern eher die Nase gerümpft. Darf man in einer Andacht Witze erzählen? Ist nicht das Christentum eigentlich etwas Ernstes?

»Christentum ist das, was man nicht soll.« Dieses Image haftet dem Christentum bis heute an. Sicher nicht ohne Grund. Wenn ich sonntags in die Kirche gehe, gibt es meist nicht's zu lachen. Wenn bei einer Sitzung mal ein Scherz gemacht wird, dann muß es eher ein Scherz höherer Ordnung sein, sozusagen vergeistigter Humor. Lauthals lachen ist nicht angesagt, dafür sind die anderen zuständig – man spricht ja auch vom »Heidenspaß«. Den Christen ziemt eher gemäßigtes Schmunzeln.

Früher sagte man das noch direkter: In diesem Leben dürfe der Christ nicht lachen, im kommenden gebe es dafür um so mehr Anlaß zur Freude. Das war auch die Ansicht des alten Kirchenvaters Johannes Chrysostomus, zu deutsch: Johannes Goldmund, der so hieß, weil er so herzergreifend predigen konnte. In einer Predigt bewies er wieder einmal eindringlich, daß der Christ, der mit seinem Herrn gekreuzigt sei, niemals lachen dürfe, sondern ständig weinen müsse – worauf einige Zuhörer lachten und ihm zuriefen: »Wir wollen Tränen sehen!« So widerlegen sich die Eiferer Gott sei Dank immer wieder selbst.

Wie ist es mit dem Lachen der Christen? Im Grunde ist es verwunderlich, daß man die Bibel überhaupt so mißverstehen konnte. Das Evangelium ist eine Freudenbotschaft – so heißt es auf deutsch –, etwas zum Lachen und Lustigsein. Und die Bibel selbst steckt voller Witz und Komik. Denken wir an die Froschplage im alten Ägypten. Da wird beschrieben, wie die Frösche aus dem Nil heraufkriechen in das Haus des Pharaos, ja in seine Schlafkammer und sein Bett. Sogar aus den frischgebackenen Broten ragen die Froschschenkel empor, und bei den Kabinettsitzungen krabbeln sie auf dem Pharao und seinen Ministern herum.

Und liest sich die Bemerkung des Lukas im 19. Kapitel der Apostelgeschichte nicht wie ein heutiges kirchliches Konferenzprotokoll? *»Etliche schrien so, etliche anders. Und die Versammlung war verwirrt. Und die meisten wußten gar nicht, warum sie zusammengekommen waren.«*

Es gibt nicht nur viele Stellen in der Bibel, über die man

lachen kann – nein, die Bibel erzählt auch, daß Gott selbst Humor hat. In der Turmbaugeschichte beschließen die Menschen, einen Wolkenkratzer zu bauen, der sie berühmt machen soll. Seine Spitze soll bis an den Himmel reichen. Doch wie groß das »gewaltige« Bauwerk in der Perspektive Gottes wirklich geworden ist, wird deutlich, wenn der biblische Bericht mit feinfühligem Sarkasmus fortfährt: *»Da fuhr der Herr vom Himmel herab, um sich den Turm etwas genauer anzusehen.«*

Gott hat Humor – das hat auch ein Pastor lernen müssen, der sich darüber ärgerte, daß die Kirschen auf seinem Baum immer weniger wurden. Er hatte einige Kinder im Verdacht, wußte es aber nicht genau und hängte darum eines Tages ein Schild in den Baum: »Gott sieht alles!« Am nächsten Morgen sieht er schon von weitem, daß jemand etwas dazu geschrieben hat. Er liest: »Aber er petzt nicht.«

Gott hat Humor, er ist kein Fanatiker! Mir ist immer wieder aufgefallen, daß unsere christlichen Fanatiker so erschreckend humorlos sind. Es gibt ja welche in der Kirche, die ganz genau wissen, wie der Weg aussieht, der zum Himmel führt. Sie können, das ist mein Eindruck, meist nicht über sich selbst lachen. Ja, ich vermute, weil sie nicht über sich selbst lachen können, glauben sie, den allein richtigen Weg zu kennen.

Humor haben – heißt: sich selbst nicht so furchtbar ernst nehmen. Insofern hat der Humor etwas mit dem Glauben zu tun. Denn wer Humor hat, weiß um die Unzulänglichkeiten dieser Welt – aber sieht darin keinen Grund zur Verzweiflung. Man kann lachen – über sich selbst, auch über andere, über die Dummheit in der Welt, über menschliche Schwächen oder die Allüren der Mächtigen.

Ich kann lachen und muß nicht weinen – weil ich letztlich weiß oder ahne, daß es noch eine andere Wahrheit gibt als die menschliche Dummheit, noch eine andere Güte als die menschlichen Unzulänglichkeiten. Humor und Glauben hängen zusammen – jedenfalls kann ich mir einen humorlosen Glauben nicht vorstellen.

Darum möchte ich Ihnen gleichsam als »Wort zum Tage« zum Schluß noch einige Verse aus dem Buch Sirach vorlesen (30,21 ff.):

»Gib dich nicht dem Trübsinn hin, quäl dich nicht selbst mit nutzlosem Grübeln! Freude und Fröhlichkeit verlängern das Leben des Menschen und machen es lebenswert. Überrede dich selbst zur Freude, sprich dir Mut zu und vertreibe den Trübsinn! Der hat noch nie jemand geholfen, aber viele hat er umgebracht ... Ein fröhliches Herz sorgt für guten Appetit und auch für gute Verdauung.«

Hans-Martin Lübking

JENSEITS

*H*elmut erzählt es jeder und jedem. Gleichgültig, ob sein Gegenüber es wissen möchte oder nicht. Jeden Abend steht er in seiner Stammkneipe, trinkt Bier, raucht und erzählt denen seine Lebensgeschichte, die sie noch nicht gehört haben. Die anderen Stammgäste kennen Helmuts »story« und lächeln milde, wenn eine »Neue« oder ein »Neuer« dran ist. Das habe ich aber erst später erfahren. Als ich Helmut zum erstenmal traf, bekam ich seine Geschichte zu hören.

Helmut bietet mir eine Zigarette an und fragt, ob ich etwas trinken wolle. »Ich geb einen aus«, sagt er. Er steht neben mir an der Theke.
  »Eigentlich darf ich gar nicht mehr rauchen«, meint er, »hat mir der Arzt streng verboten. Ich habe nämlich vor zwei Jahren zweimal kurz hintereinander einen Herzinfarkt gehabt und danach eine Bypassoperation. Ich darf überhaupt nicht rauchen.« Helmut nimmt einen kräftigen Zug von seiner HB und zieht plötzlich das linke Hosenbein hoch. »Hier, guck mal.« Eine lange Narbe am Unterschenkel wird sichtbar. »Da haben sie die Gefäße für die Bypassoperation entnommen. Ich hab' noch mehr Narben.« Inzwischen halte ich Helmut für einen harmlosen, aber recht seltsamen Zeitgenossen.
  Aber was er dann zu berichten weiß, läßt mich doch wieder interessiert zuhören.
  »Jesus ist einmal auferstanden, ich zweimal.« Ich schaue mein Gegenüber wohl etwas verdutzt an. »Ja«, sagt Helmut, »ich war bei Hans Meiser in der Talkshow im Fernsehen. Die suchten Leute, die schon mal tot waren. Also – klinisch tot, nicht so ganz. Und ich war zweimal klinisch tot. Ich hab'

mich gemeldet, beim Fernsehen. Da sind zwei gekommen, die haben sich meine Krankenakte genau angesehen und lange mit mir geredet. Die wollten wohl prüfen, ob ich auch die Wahrheit sage. Und dann war ich im Fernsehen und habe erzählt, wie es war, als ich tot gewesen bin. Gut – die Ärzte haben mich ja zurückgeholt. Aber ich hatte da so Erlebnisse, als ich ›weg war‹.«

Ich erinnere mich an die einschlägige, ernsthafte Literatur, die über die Sterbeerlebnisse von Menschen berichtet, die einmal klinisch tot waren und ins Leben zurückgeholt worden sind. Ich bin gespannt, was Helmut mir erzählt. »Also, weißt du«, beginnt er, und sein Gesicht bekommt ein verklärtes Aussehen, »ich bin wie Batman ab nach oben in so einer silbernen Röhre. Mit einer unheimlichen Geschwindigkeit auf ein wahnsinnig helles Licht zu. Und ich habe mich so gut gefühlt wie nie zuvor und seitdem nie wieder.«

Helmuts Vergleich mit Batman hat zur Folge, daß ich nur schwer ernst bleiben kann. Aber dann schäme ich mich, weil ich merke, daß dieser Vergleich mit einer Comicfigur in keiner Weise qualitativ schlechter ist als andere Versuche, das Unbeschreibliche zu beschreiben. Ich erinnere mich, daß andere Menschen ähnliche Berichte ihrer Todeserfahrungen gaben. Raum, Zeit, Geschwindigkeit – das alles war verändert. Und viele sahen – genau wie Helmut – ein helles, warmes Licht, das ein unbeschreibliches Glücksgefühl vermittelte. Wie gesagt, ich schäme mich und nehme meinen Gesprächspartner sehr ernst.

»Sag mal, Helmut«, fragte ich, »haben diese Erfahrungen dein Leben verändert?« Er ordert erst mal ein Bier, zündet sich eine streng verbotene Zigarette an und schaut mich prüfend und mißtrauisch an. Ich glaube, er denkt, ich will mich über ihn lustig machen. »Ich meine das ganz ernst«, sage ich.

»Was denkst du denn?« antwortet er. »Ich habe überhaupt keine Angst mehr vor irgendwas. Ich weiß doch jetzt, daß da etwas ist, was einen in Empfang nimmt. Vorher habe ich solche Gedanken immer weggedrückt – ich meine über den Tod und so. Aber jetzt weiß ich es.«

Einige Wochen später treffe ich Helmut am Nachmittag auf der Straße. Ob er jetzt anders redet als in der Stammkneipe? War das nicht so eine typische Situation, da an der Theke, in der viele Männer groß daherreden und den starken Mann hervorkehren? Und dann, wenn man sie ohne Bier und Kneipenumgebung trifft, sind sie ganz verändert.

»Na, Helmut, wie geht's? Was du so erzählt hast neulich, finde ich unheimlich interessant.« Mehr sage ich nicht. Mal gucken, wie er reagiert.

Er lacht mit aller Natürlichkeit, und wie selbstverständlich sagt er: »Ich weiß, was ich gesagt habe. Mir kann keiner mehr was anderes erzählen. Ich brauche sogar nicht mehr nur an Gott zu glauben. Ich glaube, ich habe ihn schon getroffen.«

Dieser Helmut hat für mich etwas getan, was in der heutigen Zeit nur noch selten im Alltag geschieht: Er kann offen und frei über seine Beziehung zu Gott reden; und zwar mit jeder Frau und mit jedem Mann. Zu jeder Zeit und allerorten.

Früher wurden Menschen, die Gott geschaut hatten, von allen verehrt.

Werner Kropp

JUGEND

*I*ch habe Melanie in der Schule kennengelernt.

An einem Montag.

Einem Tag, an dem viele müde sind, sich erst wieder an den Alltag gewöhnen müssen.

Bei Melanie war das anders.

Als sie montags in die Schule kam, war sie bester Laune und strahlte über's ganze Gesicht. Sie hatte ein Wochenende hinter sich, das sie offensichtlich sehr genossen hatte.

Wie oft am Wochenende war sie mit ein paar Freunden die knapp 100 Kilometer ins Ruhrgebiet gefahren.

»Da tobt das Leben«, sagte sie. »Da triffst du selbst nachts immer noch Leute, mit denen du was unternehmen kannst.«

»Und«, fuhr sie glücklich fort, »es war wieder total super: tanzen, diskutieren, was Verrücktes machen, einfach was erleben, was vom Leben haben.«

Ihre Augen leuchteten, als sie so schwärmte.

Melanie wirkte ausgelassen und unternehmungslustig auf mich und – unwahrscheinlich lebenshungrig.

Sie jagte immer neuen Erlebnissen entgegen, um nur ja nichts zu verpassen.

Abwarten, ob etwas passierte, das konnte sie nicht – und das wollte sie wohl auch gar nicht.

Ich hatte den Eindruck: Melanie ist eine von den Jugendlichen, die rastlos damit beschäftigt sind, ihren Lebenshunger zu stillen; wie atemlos auf der Suche nach irgendetwas, das sie nicht genau beschreiben können, das ihnen aber unendlich wichtig ist.

Diese Jugendlichen wollen nicht darüber belehrt werden, was denn der »Sinn des Lebens« sei.

Sie wollen das Leben selbst in sich aufsaugen – pur sozusagen – und so seinen Sinn erfahren.

Sie wollen den Geschmack des Lebens am eigenen Leib kosten, wollen selbst die Erfahrung machen, daß Enttäuschung bitter ist, Liebe süß oder salzig, daß Mißerfolge sauer sind.

Mich berührt es, wenn ich solche Menschen wie Melanie treffe: Sie zeigen so offenherzig ihr Aufgewühltsein, ihre Sehnsucht nach einem erfüllten Leben.

Und damit halten sie uns Erwachsenen einen Spiegel vor.

Sie erinnern uns daran, daß auch wir, wie jeder Mensch, diese pochende Unruhe im Herzen haben.

Daß auch wir Erwachsenen den Wunsch haben, wirklich glücklich zu sein, das Leben als sinnvoll und erfüllt zu erfahren – auch wenn wir diesen Wunsch nur leise oder vielleicht sogar gar nicht mehr aussprechen.

Von den Jugendlichen können wir lernen, mit unserer Sehnsucht nach einem sinnvollen Leben bewußter umzugehen, uns zu ihr zu bekennen: Natürlich wollen wir glücklich sein!

Natürlich wollen wir einmal über unser Leben sagen können: »Es war gefüllt!«

In der Bibel wird diese typisch menschliche Sehnsucht nach vollem Leben ganz ernst genommen.

Uns Christen wirft man ja oft vor, eher griesgrämig zu sein und dem sogenannten »weltlichen« Leben wenig Schönes abgewinnen zu können.

Das ist aber gar keine christliche Lebenseinstellung, denn Jesus hat gesagt: »*Ich bin gekommen, damit alle ein Leben in voller Erfüllung haben.*«

Und was er unter so einem erfüllten Leben verstanden hat, das hat Jesus nicht nur gesagt, sondern auch vorgelebt: durch die Art, wie er mit Menschen umgegangen ist.

Jesus hat mit seinen Freunden gefeiert und festlich gegessen.

Er hat sich um die körperliche und auch die seelische Gesundheit der Menschen gekümmert.

Er hat sich die Zeit genommen für vertrauliche Gespräche, und er war bereit zu leidenschaftlichen Diskussionen.

Jesus hat die Menschen ermutigt, manchmal etwas ganz und gar Ungewöhnliches zu tun – oder es zumindest wohlwollend zuzulassen, wenn es geschieht.

All diese Dinge, ob sie nun üblich waren oder außergewöhnlich – für Jesus gehörten sie zu einem erfüllten Leben dazu.

Hätten Melanie und ihre Freunde zur Zeit von Jesus gelebt, ich glaube, sie hätten sich prima miteinander verstanden.

Und zusammen hätten sie uns – viel zu Erwachsene – an unsere eigene Sehnsucht nach Erfüllung erinnert – und uns neuen Appetit auf das Leben gemacht.

Andrea Seils

KINDER

Zur Zeit Jesu waren Kinder beim Gottesdienst im Tempel nicht erwünscht. Kinder stören und passen nicht zur Würde der heiligen Stätte, meinte man damals. Auch die Priester und Schriftgelehrten gaben sich nicht weiter mit Kindern ab. Man meinte: Erst wenn der nötige Verstand da ist, um Gottes Wort zu verstehen, hat es Zweck, sie mit Religion vertraut zu machen.

Nun berichtet der Evangelist Markus von ein paar Müttern, die mit ihren Kindern an der Hand oder auf dem Arm zu Jesus wollen. *»Und sie brachten Kinder zu Jesus, daß er sie anrührte.«* Die Jünger tun das, was ihnen selbstverständlich erscheint. Sie stellen sich den Müttern in den Weg und versperren ihnen den Zugang zu Jesus. Belästigt unseren Herrn nicht mit diesen lärmenden Kleinen, mögen sie gesagt haben. *»Die Jünger aber fuhren die an, die sie trugen«*, weiß Markus zu berichten.

Als Jesus das mitbekommt, wird er ungehalten. Er ist im Unterschied zu den Priestern und Schriftgelehrten seiner Zeit, aber auch im Unterschied zu seinen eigenen Jüngern, ein ausgesprochener Freund der Kinder. Und er sagt nicht nur: *»Laßt die Kinder zu mir kommen, auch sie haben Anteil am Reich Gottes.«* Er geht noch darüber hinaus und sagt: *»Wer das Reich Gottes nicht empfängt wie ein Kind, der wird nicht hineinkommen.«* Jesus stellt die Kinder den Erwachsenen sogar als Vorbild hin: Von denen könnt ihr viel lernen. Wenn ihr wissen wollt, wie ihr als Christen leben sollt, dann lernt von den Kindern!

Was können wir von Kindern lernen?

Kinder sind spontan, offen und ehrlich, sagen, was sie denken. Unvergessen ist mir ein Konfirmandenelternbesuch an einem Samstagnachmittag. Auch der sechsjährige Bruder der Konfirmandin ist dabei. In eine Gesprächspause hinein erklingt seine kindliche Stimme: »Papa hat vorhin gesagt: ›Hoffentlich bleibt der Pastor nicht zu lange, damit wir noch in Ruhe die Sportschau sehen können‹.« Dieses offene Wort war den Eltern zunächst peinlich, aber dann löste sich alles in einem schallenden Gelächter auf. Im Grunde waren alle für die offenen Worte des kleinen Steppke dankbar, denn ich ging selbstverständlich rechtzeitig nach Hause, so daß der Familienvater in Ruhe die Sportschau sehen konnte – und ich selber übrigens auch!

Von Kindern können wir lernen. Wir können von ihnen lernen, etwas ehrlicher zu sein, unsere Gefühle zu zeigen und unsere Meinung zu äußern.

Der große Menschenfreund und Menschenkenner Albert Schweitzer sagte einmal: »Wieviel Kälte ist unter uns Menschen, weil wir nicht wagen, uns so herzlich zu geben, wie wir sind.« Daß wir etwas mehr Mut bekommen, unsere Sympathie anderen Menschen zu zeigen, zu äußern, was wir möchten oder meinen, dazu kann uns das Vorbild der Kinder helfen. Sie kennen nicht die ganzen Konventionen und Förmlichkeiten, die sich bei uns eingespielt haben, und äußern frank und frei, was sie meinen.

An der ehrlichen und direkten Art der Kinder haben die Erwachsenen freilich manchmal zu knacken. Das haben etwa jene Eltern erfahren, die ihre zwölfjährige Tochter in den Osterferien für 14 Tage zu einem Reiterhof gebracht hatten. Als sie nach einer Woche noch keine Nachricht von ihrer Tochter bekommen hatten, beschlossen sie, einmal nach dem Rechten zu sehen und dem Reiterhof einen Besuch abzustatten. Als sie dort eintrafen und ihre Tochter schließlich fanden, spürten sie, daß die Pferde für ihre Tochter entschieden interessanter waren als die eigenen Eltern. Und die letzten Illusionen wurden ihnen genommen, als die Zwölfjährige sagte: »Wenn ihr Geld mitgebracht habt, ist es gut, sonst hättet ihr nicht zu kommen brauchen!« Das saß. Die Eltern mußten erst einmal tief Luft holen und fragten verunsichert: »Hast du dich denn gar nicht gefreut, daß wir gekommen sind?« »Doch, doch«, sagte die Tochter –, was hätte sie auch sonst antworten sollen? Und die Eltern fanden allmählich ihr Gleichgewicht wieder.

Was ihre Tochter gesagt hatte, war auf die Dauer dann doch hilfreich und heilsam für die Eltern. Sie begannen, ihr bisheriges überfürsorgliches Verhalten der Tochter gegenüber zu korrigieren, und lernten langsam, die Tochter freizugeben zu einem eigenständigen Leben.

Was man als Erwachsener von Kindern lernen kann, ist eine ganze Menge, nicht zuletzt ihre ehrliche und direkte Art, die meist besser ist als ein langes Drumherumreden. Es stimmt also schon: Wenn ihr wissen wollt, wie ihr nach Gottes Willen leben sollt, dann lernt von den Kindern!

Wennemar Schweer

LACHEN

*M*anchmal bin ich mir gar nicht sicher, ob ich noch lachen darf.

Eigentlich bin ich ja froh, wenn es ein bißchen aufgelockert zugeht und auch einmal gelacht werden darf – auch in einer Sitzung, wo es um ernste Dinge geht! Aber – verbietet sich nicht das Lachen angesichts der Bilder vom Elend in der Welt? Wenn ich die Fernsehnachrichten sehe, wenn ich die traurige Geschichte aus meiner Nachbarschaft von der verlassenen Frau mit ihren Kindern höre, wenn ich mitbekomme, wie ein junger Mann durch Alkohol sein Leben zerstört; darf ich dann noch lachen?

Wenn ich die Kinder in unserem Kindergarten besuche, dann freue ich mich über das viele Lachen der Kleinen. Beim Einschulungsgottesdienst heißt es: Nun beginnt der »Ernst des Lebens«. Tritt nun an die Stelle des Lachens das Lernen? Gibt es nichts mehr zu lachen für uns, die wir um den »Ernst der Lage« wissen?

Wenn ich mir wünsche, das Lachen nicht zu verlernen, dann wünsche mir ein Lachen, das aus dem frohen Herzen kommt. Ein befreiendes Lachen, das ein Zeichen von Lebensmut ist.

Mir fallen zwei ganz verschiedene Gesichter ein, die ich beide nicht in guter Erinnerung habe. Das eine Gesicht gehört zu einem Mitarbeiter bei einer der hiesigen Evangelisationsveranstaltungen. Das Gesicht dieses Mannes war völlig verkniffen und abweisend. Der Blick in dieses Gesicht strafte den Redner, der von der Fröhlichkeit eines Christenmenschen sprach, Lügen. Ich dachte mir damals, von jetzt an werde ich darauf achten, ob ich etwas von der Freude der Christen in ihren Gesichtern bemerke! Und ich erinnerte mich an eine Szene aus einem Buch von Dostojewski, wo er jeden davor warnt, mit einem bösen, verzweifelten Blick einem Kind zu begegnen: Denn das könnte sich in das Herz des Kindes einprägen.

Und dann das zweite Gesicht. Es war das Gesicht eines jungen Mannes. Auf den ersten Blick schien dieses Gesicht zu strahlen. Da war ein Lachen in seinem Gesicht. Der junge Mann warb für eine der neuen Jugendsekten. Wir kamen ins Gespräch. Und seltsam, auf einige Bemerkungen von mir reagierte der Mann böse – doch: Er lächelte weiter. Er konnte sein Gesicht gar nicht mehr verändern. Es war zu einer lächelnden Maske geworden!

Ich möchte lachen können! Ganz natürlich, aus frohem Herzen heraus! Lachen aber ist angesichts der Probleme, die auf uns allen lasten, nur möglich, wenn wir von etwas her und auf etwas hin leben, das stärker ist als all die Ängste, die uns das Lachen so schwer machen.

Es wird erzählt, daß Christen im Mittelalter den Tod verlachten, ja, daß sie zu Ostern ein Osterlachen anstimmten, das den Tod verspottete. Sie konnten über den Tod lachen, weil der Tod längst durch Christus überwunden ist. Da liegt der Grund für unser Lachen. Das Negative siegt am Schluß nicht. Wir können ruhig erlöster ausschauen, weil wir erlöst sind. Paulus schreibt viel von der Freude, nicht weil er etwa kein Elend gekannt hätte, sondern weil er die Kunde von Jesus als eine frohe Nachricht begriffen hatte.

Wem für immer das Lachen vergangen ist, der lebt in der Hölle, schon jetzt. Ich nehme lieber die Mahnung auf, die ein Buchtitel uns sagt: »Vergiß die Freude nicht!«

Detlef Holinski

LAND UNTER

*I*ch sitze in meinem Zimmer, völlig ausgepowert vom Tag. Es war so viel. Einiges hat mich ganz schön mitgenommen. Ich setze mir die Kopfhörer auf und schiebe erst einmal eine CD in den CD-Player: »Land unter« von Herbert Grönemeyer.

Vieles in dem Text erinnert mich an meinen Tag.

»Der Wind steht schief
die Luft aus Eis...
Wellen wehren Dich
stürzen mich von Tal zu Tal
die Gewalten gegen mich...«

Ich kenne dieses Gefühl, das Herbert Grönemeyer beschreibt.

Der Wind weht mir ins Gesicht, ich komme an wichtigen Stellen nicht mehr weiter. Es gibt zu viele, die gegen mich sind: Umstände, Probleme, Menschen. Keine Perspektiven, Beziehungen zu Ende, Pläne zerschlagen, Freund/Freundinnen verloren.

Die Luft aus Eis: Streß mit den Eltern, Streit in der Clique, Nerverei in der Beziehung. Gegeneinander – völlig eisige Atmosphäre.

Die See geht hoch: hohe Wellen, tiefe Täler, der Boden unter meinen Füßen beginnt sich zu drehen. Ich habe das Gefühl zu versinken.

Die Gewalten gegen mich: Neid, Konkurrenz, Ausgrenzung (»Dich finde ich blöd, du gehörst nicht zu uns, mit dir nicht«).

Aber das Lied erinnert mich auch an eine Geschichte aus der Bibel.

Sie erzählt von Petrus, der sein Boot verläßt und sich inmitten von tosenden Wellen aufs offene Meer hinauswagt, etwas ausprobiert und riskiert. Und er macht genau dieselben Erfahrungen: Der Wind weht ihm ins Gesicht, die See geht hoch, der Boden versinkt, und er wendet sich an Jesus und schreit: Herr, rette mich!

Da bricht sie durch, die Sehnsucht, die ich von mir kenne und die Herbert Grönemeyer ebenfalls in seinem Lied beschreibt: der Wunsch nach jemandem, der zu mir steht, nach dem ich schreien kann, der mir hilft, der mir beisteht, wenn es um mich herum hoch hergeht. Der mir seinen Arm so entgegenstreckt, daß ich ihn fassen und festhalten kann, und der zu mir sagt:
»Hab' keine Angst vorm Untergehen,
scheint auch alles sinnlos, soll's nicht sein,
ich geb dich nie verloren;
ich halte dich auf Kurs.«

Grönemeyer nennt diesen Jemand in seinem Lied »rauhe Endlosigkeit«. Für ihn scheint er ein Stück entfernt. Gleichzeitig jedoch schon immer dagewesen und auch zukünftig immer gegenwärtig.

Und er ist rauh, manchmal unverständlich, eine Existenz, die mir einiges zumutet, aber immer da ist, ein Gegenüber, das ich anrufen kann.

So gesehen klingt der Refrain des Liedes für mich wie ein

Gebet, mit dem ich mich jederzeit an Jesus wenden kann, wenn Grönemeyer singt:
»geleite mich heim
rauhe Endlosigkeit
bist zu lange fort
mach die Feuer an
damit ich dich finden kann
steig zu mir an Bord
übernimm die Wacht
bring mich durch die Nacht
rette mich durch den Sturm...«

Die Geschichte ist übrigens nachzulesen im Matthäusevangelium (Kap. 14,22-23).

Hans-Werner Ludwig

LASTEN

*J*eder hat sein Päckchen zu tragen« – das ist gewiß richtig, doch können wir wohl kaum die Augen vor der Tatsache verschließen, daß diese Päckchen unterschiedlich groß sind. Der eine bricht darunter zusammen, der andere kann noch gerade die Last bewältigen, der nächste geht noch immer beschwingten Schrittes seinen Weg. Hinzu kommt, daß auch die Kraft, Lasten tragen zu können, sehr unterschiedlich ist. Das Paket, das dem einen noch leicht erscheint, läßt den anderen vielleicht schon in die Knie gehen.

Krankheit, Einsamkeit, Verzweiflung: Lasten, die über die Kräfte vieler gehen und nicht von ihnen allein bewältigt werden können. Schwere Lasten werden besser von mehreren gemeinsam angepackt; dann geht das Tragen leichter. Da kann es darum gehen, einem Behinderten beizustehen, einem Arbeitslosen Mut zu machen, einem Alten das Leben zu erleichtern – die Reihe ist beliebig fortzusetzen. Die Lasten einander abnehmen und damit dem andern die Last erleichtern, dieser Gedanke steckt hinter dem Wort des Paulus aus dem Galaterbrief (6,2): »*Einer trage des andern Last!*«

Nur dann leben wir so, wie es das Gesetz Christi – nämlich das Gesetz der Liebe – verlangt, wenn wir einander helfen beim Tragen der Lasten. Können wir das aber leisten? Sind wir überhaupt fähig, »überlastet, wie wir sind«, die Lasten anderer überhaupt zu sehen, geschweige denn, sie zu erleichtern? Gewiß hat schon mancher sich bei dem Versuch, andern eine Last abzunehmen, selbst verhoben; was soll's also. Jeder sorgt für sich; jeder ist für sich verantwortlich, jeder ist seines Glückes Schmied. Solidarität ist ja gut und schön, darf aber doch nicht auf unsere Kosten gehen. Helfen ist gut und richtig, es darf aber nicht den eigenen Alltag erschweren. *»Einer trage des andern Last!«* – nur ein überholtes Schlagwort?

In Jesus erfüllte sich, was der Prophet Jesaja einmal von einem »Lastenträger« geschrieben hat. *»Fürwahr, er trug unsere Krankheit und lud auf sich unsere Schmerzen.«* Die Christen haben diesen Satz auf Jesus bezogen. Weil er unsere Lasten trägt, werden wir die Lasten anderer nicht übersehen – ja, werden wir einander Lasten abnehmen! Erst im Tragen der Lasten von Einsamen, Hilflosen, Ratlosen, Verzweifelten erlebe ich selbst Befreiung von der eigenen Last: Lasten tragen erleichtert!

Natürlich kann man dies als eine hübsche Theorie abtun, die wenig oder gar nichts mit der harten Realität unseres Alltags zu tun hat. Aber weiß ich nicht doch auch etwas davon, daß ich gerade dann, wenn ich ganz beim Leiden des andern bin und damit ganz von mir absehe, ein inneres Gefühl von Glück und Zufriedenheit spüre? Kann ich mich überhaupt wohlfühlen in zurückgezogener Selbstgefälligkeit? Ich meine, Menschsein verwirklicht sich erst darin, diesen Satz in der Praxis zu leben: *»Einer trage des andern Last!«*

Als Christ kann ich nur weitergeben, wovon ich selbst lebe: von der Liebe und Vergebung Gottes. Von dieser Erkenntnis her freut es mich, daß immer noch viele Brautpaare diesen Paulusvers als ihren Trauspruch wählen. Sie wünschen, daß ihr gemeinsamer Weg in guten und schweren Zeiten ein Weg des Miteinander im Sinne des »Geteilte Freude ist doppelte Freude, und geteiltes Leid ist halbes Leid« ist.

Detlef Holinski

LEISE TÖNE

*I*mmer wieder erzählt die Bibel mit leisen, aber klaren Worten von der Not und von der Würde des Lebens.

1.

»*Er wird nicht schreien oder rufen, und seine Stimme wird man nicht auf den Straßen hören. Das geknickte Rohr wird er nicht zerbrechen, und den glimmenden Docht wird er nicht auslöschen. In Treue trägt er das Recht hinaus.*«
Was hier geschieht, muß nicht laut hinausposaunt werden. Was hier geschieht, läßt sich nur schwer im Fernsehen übertragen. Weil es nichts Besonderes ist. Eher etwas Unauffälliges. Er wird nicht schreien oder rufen, weil das, was hier geschieht, eher etwas Alltägliches sein sollte.

Leise Töne sind es, die der Text anschlägt, und doch klar und deutlich. Sie kommen mir fast vor wie die Töne einer Triangel, nicht laut, aber doch nicht zu überhören.

»*In Treue trägt er das Recht hinaus*«, hinaus in diese Welt.

In Treue, das heißt: mit Bedacht und ausdauernd, von ganzem Herzen, engagiert, mit Leib und Seele, mit aller Deutlichkeit und mit allem Nachdruck.

2.

Wenn jemandem Unrecht geschieht, wird er nicht schreien. Aber er wird sich einsetzen für diesen Menschen, mit allem Nachdruck und mit allen ihm zur Verfügung stehenden Mitteln. Und das wird schmerzhaft sein. Für den, der sich einsetzt; für die, gegen die er sich zur Wehr setzt. Und schließlich für die, die nur am Rande stehen und zuschauen wollen.

Man muß nicht schreien, man kann erzählen. Man kann erzählen von einem Kind, das behindert ist. Man kann davon erzählen, daß seine Eltern versuchen, Hilfe für ihr Kind zu bekommen. Man kann davon erzählen, daß die Pflegeversicherung vorsieht, daß jemand vom sogenannten medizinischen Dienst kommt und ein Gutachten erstellt. Die Geschichte geht weiter. Dieses Kind, das nicht laufen, nicht stehen kann, das sich nicht selber anziehen kann, ist in den Augen der Gutachterin nur leicht pflegebedürftig. In den Kategorien der Pflegeversicherung ausgedrückt: Pflegestufe 1. In den Augen der Gutachterin kann dieses Kind sich selber versorgen. Es kann sich selber waschen, anziehen, kann sich selber das Essen bereiten. Ein Kind von sechs Jahren, zu 100 Prozent schwerbehindert. Das Gutachten sagt: Dieses Kind braucht jeden Tag nicht mehr als 90 Minuten fremde Hilfe, kaum der Rede wert und darum auch nicht viel Geld.

Und man kann weiter erzählen: Das geschieht nicht einem Kind allein, das geschieht Erwachsenen genauso. Das geschieht Menschen, ob sie behindert sind oder alt.

Man muß nicht schreien, man kann erzählen. Man kann erzählen, daß ein Minister gefragt wurde, ob das nicht eine deutliche Lücke in der Pflegeversicherung ist. Und seine Antwort soll darauf gewesen sein: Nein, denn jeder könne ja gegen solche Gutachten Einspruch erheben und dagegen klagen.

Man braucht nicht schreien, aber man kann sich fragen: Wer klagt so schnell, der zu Hause ein Kind hat, das seine ganze Aufmerksamkeit braucht? Wer kämpft schon mit Behörden, der tagtäglich mit Vorwürfen zu kämpfen hat? Und die schwersten werden die Selbstvorwürfe sein. Wer klagt schon, der vielleicht kaum sprechen kann und dazu noch in einem Rollstuhl sitzt? Man muß nicht schreien – man braucht nur zu erzählen.

3.
Es sind leise Töne, aber zugleich ganz klare, helle Töne, die der Text anklingen läßt: Er wird den glimmenden Docht

nicht auslöschen. Sondern mit ganzem Herzen setzt er sich ein für die Geknickten, die Gebrochenen. Mit Geduld und Ausdauer nimmt er sich der Ausgebrannten und Müden an.

Und er tritt mit allem Nachdruck ein für die, denen ihr Recht vorenthalten wird.

4.

»Nichts ist vergessen und niemand« hat einmal Franz Josef Degenhardt gesungen. Und er meinte damit das Unrecht, das Deutsche anderen Menschen in der Vergangenheit angetan haben. Er dachte dabei an die ungezählten, die durch Deutsche getötet wurden.

Nichts ist vergessen und niemand – davon erzählt auch dieser Text aus dem Jesajabuch. Kein Leid, keine Traurigkeit, keine Träne, die geweint wird, wird vergessen sein; auch kein Unrecht, das irgendeinem Menschen zugefügt wird.

Dieser Text ist das erste von mehreren Liedern im Jesajabuch. Sie erzählen die Geschichte von einem, der sich für andere eingesetzt hat, für die Müden, die Traurigen, für die ohne Rechte. Und die Lieder erzählen weiter, daß dieser an der Unbarmherzigkeit seiner Mitmenschen scheitert. Menschen haben später in diesen Liedern den Weg des Jesus von Nazaret wiederentdeckt.

Beide, dieses Lied und die Geschichte Jesu, erzählen mir davon: Nichts und niemand wird vergessen. Einer – Gott – weiß darum.

Meine Traurigkeit, meine Ängste, meine Tränen, meine Müdigkeit – sie werden nicht vergessen. Hier werde ich getröstet. Auch die Traurigkeit, die Sorgen, die Not anderer sollen nicht vergessen werden. Hier bin ich gefordert.

Thomas Böhme-Lischewski

MÄNNER

*E*igentlich war die Stimmung auf dem Stadtfest richtig gut.
Man konnte eine Menge Leute treffen, an den Ständen entlangschlendern, essen, trinken, naschen, gucken ...
Auch die Jugendlichen hatten hör- und sichtbar Spaß.
Viele von ihnen kannte ich aus der Schule, und ich fand's schön, sie so ausgelassen zu sehen. Alle hatten gute Laune.
Nur einer nicht: der Hexer.
Eigentlich hieß er Tobias, aber überall nannten sie ihn den »Hexer«.
Er war immer ganz schwarz gekleidet. Die Augen waren breit schwarz umschminkt wie bei einem Pharao. Die gefärbten Haare auf seinem Oberkopf standen weit vom ansonsten kahlgeschorenen Kopf ab.
Der Hexer trug Unmengen von Silberschmuck: Ohrringe, Ketten und vor allem viele Ringe mit Totenköpfen und Teufelsfratzen.
Und heute war er sauer. Das war nicht zu übersehen.
Er schimpfte laut herum und trat mit den Füßen gegen die Wände der Holzbuden ... In der Hand hielt er eine Dose Bier – das war wohl nicht die erste heute.
Der Hexer hatte bemerkt, daß ich ihn beobachtete.
Er kam auf mich zu, und ich sah, wie seine Augen zornig funkelten. »Ist doch 'ne Scheißstadt hier«, schimpfte er, »ich mein' so die Leute hier. Die fragen nicht mal: ›Wie denkst du da und da drüber?‹ – Das ist denen völlig egal. Die gucken nur auf das Äußere und meinen, sie wüßten Bescheid.«
»Du weißt doch selber, daß viele einfach Angst vor dir haben«, hielt ich dagegen, »wegen deines outfits und der harten Sprüche, die du gegen sie losläßt.«

Tobias setzte sein Hexergrinsen auf. Er schien sich darüber zu freuen, daß er auf andere furchterregend wirkte.
Er hob die Bierdose und nahm einen großen Schluck.
Dann schwieg er eine ganze Weile.
Sein Gesicht hatte jetzt einen traurigen Ausdruck bekommen, und seine Augen waren glasig vom Alkohol: »Wär' natürlich trotzdem Klasse«, sagte er, »wenn die Leute sich die Mühe machten, einen mal so richtig kennenzulernen – dann könnte ich denen das ja erklären, daß mein Aussehen nichts mit Gewalt oder so zu tun hat.«
Ich fand den Hexer ganz schön widersprüchlich: betreibt für sich so eine Art Abschreckungspolitik und erwartet Freundschaftsverträge! Typisch Mann: »außen hart und innen ganz weich«!
An Tobias, dem Hexer, wurde mir klar, wie unbarmherzig dieses Männerbild ist, geradezu männerfeindlich.
Denn ich glaube, daß kein Mensch, auch kein Mann, es auf Dauer ertragen kann, so zerrissen zu leben. Tobias mit seinen 18 Jahren hatte damit jedenfalls jetzt schon Probleme: spielt den starken Mann, und wenn er angetrunken ist, erzählt er von seiner Sehnsucht, daß andere seine *inneren* Werte entdecken.
Und es war wohl kein Zufall, daß er das *mir* erzählte: Bei Frauen erhoffen Männer sich mehr Verständnis für dieses Problem als bei ihresgleichen.
Gibt es für Leute wie den Hexer denn in der Männerwelt keine Vorbilder? Männer, die ihnen vor Augen führen, daß man auch als Mann nichts Übermenschliches vollbringen muß?
Mir fiel Paulus ein.
Als junger Mann hatte Paulus großen Spaß an Macht und Stärke. Er blieb dabei immer korrekt und geschäftsmäßig. Aber er verfolgte persönlich die Christen, die damals eindeutig die Schwächeren waren. Und bei denen löste schon sein

bloßer Name Angst aus. Ein starker und gefährlicher Mann, dieser Paulus.

Eines Tages bekam sein Leben einen Knacks.

Paulus konnte nicht mehr so klar wie vorher sehen, wo's langgeht.

Doch dann trat ihm Gott in den Weg, und es fiel ihm wie Schuppen von den Augen. Dieser Knacks wurde zu einer Wende in seinem Leben.

Paulus wurde christlicher Missionar. Seine »männlichen Tugenden«, Stärke, Hartnäckigkeit, Verhandlungsgeschick, die konnte er weiterhin gut gebrauchen.

Aber er wußte nun, daß diese Stärke nicht etwas war, was er sich und anderen beweisen mußte. Im Gegenteil, Paulus konnte sehr selbstbewußt zu seiner Schwäche stehen.

Und wo er – um der Sache willen – stark war, da schrieb er das Gott zu: »*Gottes Kraft ist in uns Schwachen mächtig*«, sagte er.

Paulus hat es geschafft, als Mann seine Stärke und seine Schwäche in Einklang zu bringen. Er brauchte sich nicht in ein »außen ganz hart und innen ganz weich« zu zerreißen.

Wenn ich an den Hexer denke, dann wünschte ich, er würde mal so einen wie Paulus kennenlernen, – damit er wieder Tobias sein kann.

Andrea Seils

MASKEN

Da ist einer, der sein trauriges Gesicht hinter einer fröhlichen Maske zu verbergen sucht; der etwas vorspielt, ein anderes »Gesicht« aufsetzt. So, wie wir das manchmal machen, nicht nur zu Karneval, sondern auch bei anderen Gelegenheiten, vielleicht sogar bei jeder sich bietenden Gelegenheit.

Da ist ein anderer, der hat vor lauter Masken kein Gesicht mehr; es ist fast unmöglich, an ihn heranzukommen – und er selbst müßte eine Menge »ablegen«, um sein wahres Gesicht zu zeigen.

In Psalm 139 heißt es sinngemäß:
»Gott – wie gut, daß es dich gibt.
Du schaust mich an und kennst mich genau.
Du siehst mich, wenn ich mich vor mir selbst verstecke,
um meine Ängste und meine Schuld zu verbergen.
Du siehst mich, wenn ich von großen Dingen träume
und von dem Leben, das vor mir liegt.
Gott – wie gut, daß du mich siehst.
Bei dir kann ich so sein, wie ich bin,
denn du kennst mich durch und durch.«

Oft macht uns das Angst, wenn uns einer »durch und durch« kennt; wenn jemand sagt: »Dich kenn ich schon! Du kannst mir nichts vormachen, ich kenn dich doch genau! Mach nicht so ein Gesicht! Ich weiß doch, was du denkst.«

Ja, das macht Angst – wenn jemand so mit uns redet.

Die Bibel erzählt von einem großen Mann, der auch Angst hatte, als einige Menschen genau das zu ihm sagten: »Wir kennen dich doch! Du kannst uns nichts vormachen! Du gehörst auch zu denen, die mit diesem Jesus zu tun haben.« Aber Petrus streitet alles ab – auch aus Angst, gewiß. Mit »Unschuldsmiene« verleugnet er Jesus – und damit sich selbst – bis dieser Jesus ihn anschaut, die Maske durchdringt. Da fühlt sich Petrus durchschaut; da kann er sich nichts mehr vor-machen. Schließlich *»ging er hinaus und weinte bitterlich«*, so heißt es in der Passionsgeschichte. Man könnte auch sagen: Er ging aus sich heraus, um sein wahres Gesicht zu finden, ja zu zeigen.

Sein wahres Gesicht zeigen, zeigen dürfen – das wäre was!
Erst recht im alltäglichen Leben, das uns manchmal wie ein einziger Karneval erscheint – ohne Aschermittwoch, wo die Masken abgenommen werden. Immerhin ist es beruhigend zu wissen, daß es für Gott keinen Karneval und keinen Aschermittwoch gibt; er blickt bei uns auch so durch – egal, welches Gesicht oder welche Maske wir gerade aufsetzen. Er nimmt die Maske einfach ab und schaut dahinter; vor ihm haben wir nichts zu verbergen, aber auch nichts zu verlieren – schon gar nicht unser Gesicht!

Deshalb hat er uns auch sein »Gesicht« gezeigt, damit wir ihn wie einen Mensch anschauen können – in Jesus Christus. Die Passionszeit nach Aschermittwoch will uns in besonderer Weise daran erinnern, daß Gott uns so sieht, wie wir wirklich sind – und uns gerade so auch haben will: ohne Maske, mit unserem wahren Gesicht.

Joachim Schulte

MENSCHLICHKEIT

*E*lif sitzt in der Klasse und weint. »Jetzt ist es mit meiner Geduld vorbei!« Die Lehrerin ist ärgerlich. »Schon wieder hast du deine Aufgaben nicht gemacht, und das Geld für den Ausflug hast du auch vergessen. Jetzt darfst du nicht mitfahren.«

Christian sitzt gegenüber von Elif. »Das ist gemein«, denkt er, und er sieht Elifs Tränen. Sicher, es stimmt, Elif hat selten alle ihre Aufgaben dabei. Aber die Lehrerin sagt ja selber, daß es für Elif sehr schwer ist. Ihre Eltern können ihr nicht helfen, und der ältere Bruder hat auch keine Zeit mehr, seit er in der Lehre ist. Darum versteht Christian die Aufregung gar nicht. Aber er sagt nichts. Was sollen schließlich die anderen denken! In der letzten Woche, als Elif krank war, da hat er ihr die Einladung zum Klassenausflug gebracht. Da mußte er sich vielleicht einiges anhören!

Mal angenommen, die Mutter merkt zu Hause, daß den Christian etwas bedrückt. Und der Christian erzählt von Elif, von den vielen vergessenen Aufgaben und der Strafe. Christian und seine Mutter überlegen: »Was meinst du, Christian, soll ich nicht mal mit der Lehrerin sprechen? Vielleicht kann Elif einmal in der Woche zu uns kommen, dann machen wir die Aufgaben zusammen.«

Mal angenommen, die Mutter spricht mit der Lehrerin, und die Lehrerin redet mit Elifs Vater. Jedoch, es passiert nichts, der Vater von Elif geht auf das Angebot nicht ein. Darüber ärgern sich Christian und seine Mutter.

Mal angenommen, Elif und ihr Vater fahren eines Tages mit dem Bus in die Stadt. Auf einmal setzen sich Christian und seine Mutter genau ihnen gegenüber. Elif schaut verstohlen ihren Vater an und sagt nichts. Christian blickt zuerst einmal nach hinten in den Bus. Gut, daß keiner von den Jungs aus meiner Klasse dabei ist, sonst würden sie morgen wieder über mich herziehen!

Christian und Elif tun so, als ob sie sich nicht kennen. Aber es ist gar nicht so einfach, immer aneinander vorbeizuschauen! Christians Blicke bleiben an einem Plakat hängen:

> »*Nehmet einander an,*
> *wie Christus euch angenommen hat.*«

Das versteht Christian nicht. Auf dem Hintergrund des Plakates sind Fotos von Menschen. Viele Fremde sind darunter. Einmal angenommen, die Mutter sieht die fragenden Blicke ihres Sohnes. »Das wäre schön, wenn uns das gelingen würde! Jesus hat damals nicht geschaut, ob einer reich oder arm, groß oder klein, dunkel- oder hellhäutig ist. Er hat ihnen in ihr Herz geschaut. Dann haben die Menschen seine Wärme gespürt, seine Liebe, die von Gott kommt. Und sie verstanden sich, obwohl sie sich fremd waren.«

Mal angenommen, der Christian schaut jetzt verstohlen zu Elif hinüber und flüstert seiner Mutter ins Ohr: »Das ist manchmal ganz schön schwer! Weißt du, das ist nämlich Elif aus meiner Klasse.«

Und auch Elif flüstert mit ihrem Vater, und sie lachen freundlich herüber. Und dann gibt er sich einen Ruck: »Entschuldigen Sie, ich bin der Vater von Elif, und Sie sind sicher die Mutter von Christian. Gut, daß wir uns kennenlernen. Ja, für uns ist so vieles fremd in Ihrem Land. Bei uns in der Türkei erzählen wir uns etwas, damit wir uns kennenlernen. In Deutschland erzählen die Menschen so wenig. Aber ich glaube, ich habe verstanden, was Sie gesagt haben. Solche freundlichen Worte tun uns allen gut. Sie wissen, wir haben eine andere Religion. Und unsere Sitten sind anders. Es ist nicht so leicht, meine Tochter einfach zu Menschen zu schicken, die ich nicht kenne. Bitte, kommen Sie doch mit Ihrer Familie zu uns zum Tee. Ich möchte, daß Elif in der Schule geholfen wird.«

Nur mal angenommen, das sei so geschehen. Bei uns wohnen viele Menschen aus anderen Ländern. Es sind auch ihre Träume.

Nur mal angenommen, sie werden wahr, hier und da.

Ulrich Walter

OLYMPIA

Die Gottesdienste unserer Zeit werden in Stadien und Kampfbahnen der Metropolen gefeiert und durch das Fernsehen in alle Welt übertragen. Kein Ereignis zieht so viele Menschen in seinen Bann wie Olympia. Es ist eine alte und immer neue Religion. Abschluß und Eröffnung sind feierlicher, mystischer und gestylter als jede Messe in Rom. Der Idee des Friedens wird gehuldigt. Vom geschwisterlichen Wettbewerb wird gesprochen. Die fünf Erdteile werden als Einheit in aller Verschiedenheit vorgestellt.

In Wirklichkeit ist Olympia aber auch ein Treffpunkt der Reichen, Schönen und Erfolgreichen. Es ist ein Milliardengeschäft, in dem mit harten Bandagen gekämpft wird. Der schöne Schein weicht bei näherem Hinsehen oft genug einer gnadenlosen Auseinandersetzung um den Sieg.

Olympia ist nicht nur ein einzelnes Ereignis. Der Name steht für eine ganze Reihe ähnlicher Veranstaltungen, die täglich stattfinden: Grand-Prix-Turniere, Europa- und Weltmeisterschaften. Sie fördern nicht unbedingt Fairneß oder Verständigung unter Völkern, sondern huldigen dem Leistungsprinzip, das oft gnadenlose Formen annimmt. Nur eine(r) gewinnt: der/die Schnellste, Ausdauerndste und Härteste. »Dabeisein ist alles« – dieses alte Olympia-Motto zählt heute oft nicht mehr. Nur wer auf den Medaillenrängen landet, steht im Rampenlicht. Ein fünfter oder sechster Platz aber zählt nicht mehr.

Die Religion Olympia mit ihrem Gottesdienst Leistungssport hat schwerwiegende Auswirkungen auf unser gesellschaftliches Wertegerüst. Wir – und erst recht die Jugendlichen – lernen: Auf Leistung kommt es an. Du mußt dich ordentlich quälen, dann bringst du es auch zu etwas. Der Erfolg heiligt alle Mittel. Denk zuerst an dich! Hauptsache, du bringst es an die Spitze und »machst« viel Geld.

Recht und Gerechtigkeit scheinen dagegen Werte von einem anderen Stern zu sein. Sie passen nicht in unsere Zeit. Solidarität und Mitleid mit den Schwachen kann man sich nicht leisten. Kindergeld, Sozialhilfe und andere Leistungen für die schwächeren Glieder der Gesellschaft werden zurückgefahren. Es ist auch schon vorgekommen, daß der Sozialetat einer Stadt herhalten mußte, um teure Sportereignisse zu finanzieren!

»Ich bin euren Feiertagen gram und verachte sie und mag eure Versammlungen nicht riechen. Es ströme aber das Recht wie Wasser und Gerechtigkeit wie ein nie versiegender Bach«, sagt der Prophet Amos (5,21-24). Diese Worte sind ein Bollwerk gegen alle Einflüsterungen der Gottesdienste, die Leistung feiern und verkünden, sei es bei Olympia oder anderswo.

Nicht ein neuer Weltrekord, nicht ein noch nie dagewesener Triumph der Ausdauer beim Marathon, nicht die schönste Anfangszeremonie bei Olympia in Atlanta schaffen eine menschliche Zukunft. In Wirklichkeit haben wir uns zu erinnern, daß wir nur dort menschlich leben können, wo das Recht eingehalten wird, wo die Schwachen geschützt sind und die Gerechtigkeit eine Quelle ist, zu der alle Zugang haben.

Christoph Berthold

ORDNUNG

Als ich die Tür zum Zimmer meines fünfzehnjährigen Sohnes öffnen wollte, spürte ich Widerstand. Nein, er hielt sie nicht von innen zu, sondern die Tür stieß gegen ein Schulbuch, welches sich in einen Berg von Zeitschriften schob, der sich wiederum gegen waschmaschinenreife Unterwäsche drückte.

Gut, daß der Bewohner des Zimmers selbst nicht zugegen war. Es hätte sicher einen großen Krach gegeben. So konnte ich erst einmal tief durchatmen und die Tür wieder schließen.

Beim anschließenden Spaziergang mit meinem Hund ging mir allerhand durch den Kopf. Ja, ich hatte es früher in gewisser Weise »besser«. Als einziges Kind in der Großfamilie aufwachsend, wurde für mich aufgeräumt. Meine Großmutter erledigte das. Trotzdem war ich manchmal ganz schön sauer, wenn ich in ein wunderschön aufgeräumtes Zimmer kam und nichts von meinen Sachen wiederfand.

Später im Doppelzimmer im Studentenwohnheim mit einem Mit-Studenten mußte schon wegen der räumlichen Enge eine gewisse Ordnung her – und die gelang dann auch.

Interessant war dann im Theologiestudium die Erkenntnis, daß Schöpfung im Hebräischen Testament nichts anderes heißt als: Ordnung ins Chaos bringen. Das Tohuwabohu wird von Gott wunderbar geordnet, und erst dann läßt es sich gut darin leben. Aber konnte ich das meinem Fünfzehnjährigen vermitteln, der sich in seinem Chaos offensichtlich ganz wohl fühlte? Ich beschloß, zunächst ein Gespräch mit meiner Frau zu führen. Wir erinnerten uns an eigene (Un)Ordnungserfahrungen im gleichen Alter. Dann auch an den Satz: »Ordnung ist das halbe Leben!«

Manchmal, so stellten wir übereinstimmend fest, erschienen uns Wohnungen, in denen alles tip-top aufgeräumt ist, zwar wundervoll ordentlich, aber auch kalt und ohne einen persönlichen Charme.

Vielleicht ist ja mit fünfzehn Jahren das äußere Chaos auch ein Spiegel des Inneren – wo die Frage »Wer bin ich eigentlich?« noch längst nicht endgültig geklärt ist. Aber ist das Aufräumen nicht doch eine Art der Lebensbewältigung, die es eben auch schafft, unangenehme Dinge nicht endlos auf die lange Bank zu schieben?

Jedenfalls wollte ich mit meinem Sohn ein ernstes Gespräch führen. Wir haben einen Kompromiß geschlossen. Bestimmte Dinge werden sofort entsorgt, andere können ruhig auch längere Zeit liegen bleiben. Bei Besuch, der ins Zimmer kommt, wird klar Schiff gemacht.

Denn, das habe ich auch verstanden, Ordnung ist wirklich nur das *halbe* Leben. Die andere Hälfte ist die Welt, in der wir gerne leben und uns zu Hause fühlen. Ich glaube, das ist dann die Ordnung, von der Gott selber gemeint hat, daß sie sehr gut sei.

Was das innere Chaos mit fünfzehn angeht, haben wir noch lange über ein äthiopisches Sprichwort nachgedacht:
Den Dschungel in deinem Herzen
kannst du nicht selber roden.
Den Acker deines Lebens
kannst du nicht selber bestellen.
Das Wort, das dir hilft,
kannst du dir nicht selber sagen.

Ich hoffe, daß unser Sohn von uns und anderen Menschen die Worte hört und die Aufräumhilfen bekommt, die er für sein Leben braucht.

Gerd Kerl

REISEN

Geschäftsreisen müssen sein und Urlaubsreisen offensichtlich auch. Warum eigentlich auch Urlaubsreisen? Schon daß ich so frage, mag Verwunderung auslösen. Schließlich freue auch ich mich aufs Verreisen und werde mir die Fahrt in die Ferien auf keinen Fall vermiesen lassen. Dennoch habe ich mich gefragt, weshalb ich neben der Arbeit auch noch den Urlaub »plane« und mich und andere, z. B. meine Frau, auch noch für die Ferienzeit »verplane«; ganz abgesehen davon, daß »die schönsten Wochen des Jahres« zusätzlich Geld kosten.

Mit meinen Reisewünschen und persönlichen Motiven zu verreisen, befinde ich mich im Trend. Die Tourismusforschung nennt als Motive: abschalten – frische Kräfte sammeln – Zeit haben – ruhen – sich verwöhnen lassen – Tapetenwechsel – gut essen – Geselligkeit – frei sein. Abschalten und Tapetenwechsel stehen mit Abstand an der Spitze der Motive. Gesucht wird offenbar das eigentliche Leben oder doch wenigstens ein Hauch davon.

Genau das dürfte das Problem sein, das es zu erkennen gilt, auch für mich: Erfahre ich meinen Alltag so negativ? Vielleicht ist er einfach nur langweilig, daß ich ihm entfliehen möchte, wann immer sich eine Gelegenheit dafür bietet?

Falls es so ist, wird das Reisefieber nicht nachlassen. Um so mehr wird es in Zukunft darauf ankommen, im Alltag so zu leben und den Alltag so zu erleben, wie man sich das eigentliche Leben vorstellt.

Gegen das Reisen habe ich überhaupt nichts einzuwenden; außer, daß eben zu viele zu oft verreisen. Die Folgen des Mas-

sentourismus haben längst schon bedenkliche Folgen angenommen, vor denen niemand die Augen verschließen darf:
- Die vorübergehende Flucht von Millionen aus ihrem Alltag bringt eine katastrophale Beeinträchtigung der Natur mit sich. Als Stichwort nenne ich besonders den Verkehr bzw. den Energieverbrauch auf der Basis fossiler Brennstoffe.
- Die Flucht aus dem Alltag stößt dort an die Grenze, wo das erstrebte Ziel: »Ruhe – Entspannung – Abschalten« nicht oder nur unter streßhaften Bedingungen erreicht wird.
- Schließlich denke ich an die negativen Begleiterscheinungen für die Länder, in die sich der alljährliche Touristenstrom ergießt, zumal in der sog. Dritten Welt: Dort werden bis jetzt intakte Kulturen und Strukturen zerstört.

Was aber für diese und andere Folgeprobleme die Hauptursache ist, ist die Zahl. Die Tatsache, daß Millionen, ja bald vielleicht Milliarden im Tourismus die Flucht aus dem Alltag ergreifen, erstickt alle möglichen Überlegungen eines »sanften« Tourismus, eines Tourismus aus »Einsicht«, im Keim.

Trotz vieler wirklich guter Ansätze unterliegt nach meinem Eindruck die Tourismusbranche der Fehleinschätzung, wonach Quantität durch eine bessere Qualität ausgeglichen werden könne. Soweit es sich heute beobachten läßt, wird es keinen Massentourismus ohne schwere ökologische und kulturelle Schäden geben.

Deshalb führt nichts daran vorbei, daß die Verminderung der Zahl der »Alltagsflüchtigen« absoluten Vorrang haben muß vor der noch so ökologischen und sinnvollen Gestaltung der »Fernreiseflucht« selber.

Die Konsequenz gleicht einer Radikalkur, mit der ich mich, das gebe ich gern zu, wenn überhaupt, zur Zeit nur widerwillig anfreunden kann: Immer öfter und immer lieber zu Hause bleiben! Den Alltag lebenswert gestalten!

Warum eigentlich nicht? Schon die alte Benediktinerregel enthält das Gebot der »stabilitas loci«: Bleibe am Ort!

Selbst wenn dieses Gebot in erster Linie für das Leben im Kloster gedacht ist, sollten wir ruhig auch außerhalb von Klostermauern und vertrauten häuslichen Wohnungswänden, vielleicht weit weg am Strand oder in den Bergen, während der Ferien allein und mit anderen zusammen für die »Zeit danach« überlegen:

- Was machen wir mit dem Anwachsen der freien Zeit?

- Wie kann ich selber die Bedingungen für meine Fluchtgefühle im Alltag ändern?

Vielleicht komme ich eines Tages dahin, daß ich mir sage: »Willst du was gelten, so reise selten!«

Fritz Stegen

RESIGNATION

In den Bibelversen, zu denen ich jetzt etwas sagen möchte, kommt viermal das Wort »müde« und dreimal das Wort »matt« vor. Ich hoffe, daß Sie heute morgen weder »müde« noch »matt« sind, sondern gut ausgeschlafen haben, damit ich Sie nicht noch anstecke, wenn ich jetzt etwas über Müdigkeit sage.

Müdigkeit und Müdigkeit ist nicht das gleiche. Es ist schön, nach langer Arbeit einfach müde zu sein und Schlaf zu finden. Aber es kann schrecklich sein, von bleierner Müdigkeit befallen zu sein, zu nichts Lust zu haben, zu resignieren, keinen Sinn mehr zu sehen, lebens-müde zu sein.

So erging es offenbar vielen Israeliten, die nach der Zerstörung Jerusalems im Jahre 587 nach Babylon in die Verbannung geschleppt worden waren und dort nun schon seit Jahrzehnten ohne Aussicht auf eine Wende im Exil lebten. Die Jahre waren ins Land gegangen: 20, 30, 40 Jahre. Viele waren schon gestorben, andere waren, aus jungen Menschen, alte Leute mit weißen Haaren geworden. Die Alten lebten von ihren Erinnerungen, die Jungen kannten die Heimat, Jerusalem, den Tempel, nur von Erzählungen. Eine Hoffnung war nicht in Sicht. Gerade unter den Jüngeren nahm die Entwurzelung immer mehr zu. Viele verzweifelten an ihrem alten Glauben, konnten mit den alten Traditionen nicht mehr viel anfangen. »Wenn es Gott gibt, dann hat er uns vergessen.«

In dieser Situation von Resignation und Hoffnungslosigkeit trat der unbekannte Prophet auf, den wir »Zweiter Jesaja« nennen. Seinen Landsleuten ruft er zu: »*Hebt eure Augen in die Höhe und seht: Wer hat die Sterne dort oben geschaffen? Er, der Herr, läßt sie alle aufmarschieren, jeden von ihnen ruft er mit Namen; seine Macht und Kraft ist so groß, daß nicht eins von ihnen fehlt.*

Warum sprichst du denn, Jakob, und du, Israel, sagst: Der Herr kümmert sich nicht um uns; unser Gott läßt es zu, daß uns Unrecht geschieht?

Weißt du nicht? Hast du nicht gehört? Der Herr, der ewige Gott, der die Enden der Erde geschaffen hat, wird nicht müde noch matt, sein Verstand ist unausforschlich. Er gibt dem Müden Kraft und Stärke genug dem Unvermögenden. Die Jungen werden müde und matt, junge Männer stolpern und stürzen; aber die auf den Herrn harren, kriegen neue Kraft, daß sie auffahren mit Flügeln wie Adler, daß sie laufen und nicht matt werden, daß sie wandeln und nicht müde werden.«

Aus einem Gespräch mit einem Studenten vor einiger Zeit: »Ich werde nicht heiraten. Für einen allein sind die Zeiten schon schwierig, und dann noch die Verantwortung für einen anderen Menschen? Wer weiß, ob ich Arbeit kriege! Wir sind doch die Angeschmierten: keine Stellen, volle Unis, knappe Wohnungen, beschissene Zukunft. Früher bin ich auch mal auf die Straße gegangen – aber was hat's denn gebracht? Man kann ja doch nichts ändern!«

Selten sind solche Äußerungen nicht.

Nicht nur junge Leute verstehen sich zunehmend als Opfer: Die Welt ist schlecht, irgendwann geht alles den Bach runter – aber das kannst du sowieso nicht verhindern. Die Entscheidungen fallen ganz woanders, darauf haben wir sowieso keinen Einfluß.

Es ist ein diffuses Ohnmachtsgefühl, das viele Menschen prägt. Und gibt es nicht genug Schreckensmeldungen, die diesem Gefühl immer wieder neue Nahrung geben? Klimakatastrophe, Drogentote, Raserei auf der Autobahn. In aller Eile wird ein Gentechnik-Gesetz verabschiedet, ohne auf die

Warnungen der Experten zu hören. Die Massenarbeitslosigkeit geht ins 10. Jahr. Vom Waldsterben redet keiner mehr.

Die Hoffnungslosigkeit hat gute Gründe. Doch in einer Welt, der ich täglich nachweise, daß man in ihr nicht leben kann, »kann« man auch nicht leben. Es gibt eine negative Genüßlichkeit, die sich darin ausruht, das gegenwärtige und zukünftige Unglück anderen auszumalen. Und es gibt die kritische Dauerhaltung, in der wir jeweils als Staatsanwälte gegen alle ach so negativen Tendenzen in der Welt auftreten. Aber davon kann man nicht leben. Ohne Hoffnung kann ich nicht leben.

»Warum sprichst du denn, Jakob, und du, Israel, sagst: Der Herr kümmert sich nicht um uns; unser Gott läßt es zu, daß uns Unrecht geschieht? Weißt du nicht? Hast du nicht gehört? ... Er gibt dem Müden Kraft und Stärke genug dem Unvermögenden.«

Woher bekomme ich diese Kraft, diesen Mut, zu leben, zu lieben, zu arbeiten, zu feiern, mich zu engagieren – auch wenn die Welt nicht so ist, wie sie sein sollte?

Es wird schon gut kommen, man muß nur Vertrauen haben, rufen die Optimisten. »Don't worry, be happy«, sagen die, die an der Macht sind und wollen, daß alles beim alten bleibt. »Schütt' die Sorgen in ein Gläschen Wein«, plärrt die Heimatmelodie von WDR IV. »Mars macht mobil bei Arbeit, Sport und Spiel«, tönt die Werbung. »Lassen Sie der Seele Flügel wachsen!« rät der Psycho-Softie.

Nichts von alledem bei unserem unbekannten Propheten. Er sagt seinen Leuten etwas anderes: »Guckt doch mal nach oben! Was seht ihr da? Milliarden von Sternen, das Siebengestirn und den Orion, den Großen Bär und die fernen Galaxien. Alle dem Herrn bekannt. Für den, der es mit Verstand anschaut, ein ungeheures Schauspiel.«

Vielleicht sagt der Blick in die Sterne nicht jedem etwas. Ich sehe an den Sternen: Gott ist größer. Er hat nicht nur mit mir zu tun, sondern auch mit dem Käfer im Gras und mit jener Milliarden von Lichtjahren entfernten Galaxie, die gerade jetzt im Orion-Nebel neu geboren wird. Er ist größer als meine Vorstellungen von ihm, er ist größer auch als meine Ohnmachtsgefühle.

Damals, als die Israeliten im Exil saßen, sagten alle: Es ist unwahrscheinlich, daß wir jemals wieder nach Hause zurückkehren können. 10 Jahre später bauten sie in Jerusalem den Tempel wieder auf.

Es ist wahrscheinlich, sagen wir, daß wir eines Tages am Autoverkehr ersticken. Doch ist das ein Grund, nichts mehr dagegen zu tun?

Die Wahrscheinlichkeit, daß die Krisen unserer modernen Lebenswelt zunehmen, scheint größer als die Hoffnung, die Zerstörung der Umwelt doch noch aufhalten zu können. Aber haben wir es denn in dieser Welt, in diesem Leben nur mit uns selbst zu tun?

Wir werden erdrückt von dem, was wir für wahrscheinlich halten. Doch Gott ist größer. Es gibt nicht nur unsere Prognosen. An Gott glauben heißt auch, von sich absehen können, von der eigenen Kraftlosigkeit, von dem eigenen kleinen Mut und von der Kleinheit unserer Erfolge. Auf Gott hoffen heißt, auf mehr zu hoffen als auf die eigenen Kräfte.

Hans-Martin Lübking

ROLLSTUHL

In der Reisebeilage unserer Zeitung bleibt mein Blick bei einem eigentlich gar nicht auffälligen Foto hängen. Im Vordergrund steht ein großer, schräg gestellter Strandkorb. Wer in dem Strandkorb sitzt, ist nicht auszumachen. Beim genaueren Hinsehen lassen sich nur Füße entdecken. Das Oberteil des Korbes ist leicht zurückgestellt, so daß sich die Benutzer entspannt der Sonne entgegenstrecken können. Eine normale Strandsituation also.

Auffallend an dieser Fotografie ist ein Rollstuhl neben dem Strandkorb. Was für eine Mühe hat es wohl gebraucht, solch einen Stuhl durch den Sand zu fahren. Jede, die schon einmal einen Kinderwagen durch den Sand geschoben hat, weiß, wovon ich rede. Aber nun ist der Rollstuhl leer. Sein Besitzer oder seine Besitzerin hat das Ziel erreicht und sitzt im Strandkorb.

Mir fällt das Gerichtsurteil aus dem vergangenen Jahr ein, nach dem ein Reiseunternehmen Touristen entschädigen mußte, weil in ihrem Hotel behinderte Menschen mituntergebracht worden waren. Der Anblick von Behinderten beeinträchtigt das Ferienvergnügen und ist Erholungssuchenden nicht zumutbar, stellte das Gericht fest.

Der Rollstuhl erinnert mich auch daran, daß für viele behinderte Jugendliche und ihre Familien die Ferienzeit eine ganz einsame und bittere Zeit ist. Verreisen können sie nicht. Es gibt kaum Quartiere, die behinderte Menschen aufnehmen. Und Jugendgruppen, die behinderte junge Menschen einladen, mitzufahren, sind kaum zu finden. Behinderte Menschen müssen in den Ferien zu Hause bleiben.

Gerade, weil die Ferienzeit für behinderte Menschen eine

bittere Zeit ist, fällt mir das Foto in der Reisebeilage auf: der Rollstuhl neben dem Strandkorb. Für mich ist es ein Hoffnungsbild. Die Rollstuhlfahrer sind nicht ausgegrenzt. Sie aalen sich wie alle anderen in der Sonne. Der Strand gehört nicht mehr nur den Schönen, Starken und Fitten allein. Alle nehmen ihn in Besitz und erfreuen sich an ihm. Rollstuhl und Strandkorb: Zwei Welten, die sonst so gnadenlos voneinander getrennt existieren, sind für einen Moment vereint.

So sollten Ferien sein. Sie bieten Erholung und versorgen uns mit neuen Ideen und Hoffnungen. Sie lassen uns aus dem alten Trott von Ausgrenzung und Egoismus heraustreten und eine neue Welt ahnen. Eine Welt, in der Starke und Schwache miteinander leben; in der der Rollstuhl neben dem Strandkorb steht.

Christoph Berthold

RUHESTAND

»*E*s ist schon ein großer Einschnitt, wenn der tägliche Weg zur Arbeit fortfällt, niemand mehr Rechenschaft fordern kann, keine Termine mehr einzuhalten sind außer denen, die man sich selber setzt. ... Alles läuft auf die einfache Formel hinaus, daß man im Alter nur leben kann, was man zuvor an Leben gewann. ... Jedenfalls zahlt sich Beweglichkeit in den sogenannten besten Jahren aus, wenn die große Umstellung auf das Leben im Alter notwendig wird« (Heinrich Albertz).

»Am Ende des Weges«, so hat Heinrich Albertz in seinem Buch über den Einschnitt philosophiert. Ich möchte heute vom »Weggehen und Ankommen« sprechen und vom »Glück, unterwegs zu sein«.

Wenn ich vom »Weggehen« rede, dann heißt es, Abschied zu nehmen, weil Sie fortgehen aus vielfachen Arbeits- und Menschenbezügen, eine Zäsur setzen, gesetzt bekommen. Wenn ich aber im Wortsinn rede vom »Weg-gehen«, und das steckt in dem »Weggehen« drin, dann ist dieses ganze Nachdenken eingebettet in den Wechsel vom Gehen und Kommen, in das Glück, unterwegs sein zu dürfen. Dann ist die gepackte Tasche mancherorts wieder zu öffnen, und Erfahrungen und Lebensweisheiten können über die Grenze von der Arbeit zum Ruhestand ausgepackt werden.

Doch halt! Vorschnell sollten wir den Abschied nicht glattbügeln. Heute nehmen wir von Ihnen und Ihrer Arbeit Abschied. Dreißig Jahre haben Sie hier mitgewirkt, die Sitzungen und die Protokolle maßgeblich mitbestimmt. Kantig, nicht stromlinienförmig, zur Sache gehend, den Nerv treffend.

Heute haben wir zu danken, Ihnen für Ihr Dabeisein, Gestalten und Nach-vorn-Treiben, und Gott, daß er auch immer wieder auf krummen Linien gerade schreibt und uns mit Ihnen jemand in unsere Arbeit geschickt hat, der manches, was krumm angelegt war, geradegerückt hat.

Ich möchte diese Gedanken und diesen Dank bewußt einbetten in die Losung dieses Tages. In Psalm 74,16 heißt es: *»Dein ist der Tag und dein ist die Nacht; du hast Gestirn und Sonne die Bahn gegeben.«*

Dieser Vers aus dem Psalm 74 steht in einem Klagelied. Und die Gattung der Klagelieder beginnt in der Regel wie hier mit dem Appell an Gottes geschichtliche Heilstaten: *»Gedenke an deine Gemeinde, die du vor Zeiten erworben und jetzt im Erbteil erlöst hast, an den Berg Zion, auf dem du wohnst.«*

Neben der Klage sind das Wichtigste in den Klageliedern die Bitten: *»Gib deine Taube nicht den Tieren preis«*, heißt es hier und: *»Laß den Geringen nicht beschämt davongehen, laß die Armen und Elenden rühmen deinen Namen, mache dich auf, Gott, und führe deine Sache«* – und mittendrin steht der Trost für den Beter: *»Dein ist der Tag, und dein ist die Nacht.«*

Unsere Zeit, die die Variationen von Ausgrenzungen, Normen, Moral und Möglichkeiten auf der Tastatur ihrer Moderne improvisiert, die in allen Einzelheiten das Wie, Was, Warum, Warum-Nicht enträtselt, verhandelt, abspricht, begründet, wird den Lobgesang der geschichtlichen Heilstaten Gottes, in die der Einzelne aufgehoben ist, kaum begreifen.

»Dein ist der Tag, und dein ist die Nacht.«

Im Psalm ist der Einzelne im Ganzen aufgehoben, trotz aller Anfechtung – Trost für die Seele, Trost für den Menschen. Daraus leben auch Sie mit Ihrem Glauben.

Ihr Glaube ist Ihre Lebensquelle, haben Sie gesagt. Geteilt mit anderen ist er der Grund der Gemeinschaft der Menschen untereinander und mit ihrem Gott, miteinander unterwegs, bei aller Verschiedenheit der jeweils einzelnen Wege. Ihr Glaube, nach rückwärts gedacht und nach vorne gelebt, bittet wie der 74. Psalm: »*Gott, gedenke an deine Gemeinde, die du vor Zeiten erworben und dir zum Erbteil erlöst hast ... Laß den Geringen nicht beschämt davongehen!*«

»Es ist schon ein großer Einschnitt«, sagt Heinrich Albertz mit Blick auf die Zäsur, die mit dem Ruhestand eintritt. Jetzt möchte ich die Schnittstellen, das Weggehen und Ankommen, alle Begegnungen, die Klagen, die Bitten, den Trost einbetten in die Erfahrung unseres Glaubens, daß Gott mit uns unterwegs ist, wo immer wir gerade sind.

»*Dein ist der Tag, und dein ist die Nacht!*« Beim Weggehen und Ankommen, da gibt es einen Glauben, der so ist, daß wir unsere Fragen aus der Hand legen können.

Am Ende des Weges formuliert Heinrich Albertz das in seinem Buch so: »Jedenfalls zahlt sich die Beweglichkeit in den sogenannten besten Jahren aus, wenn die große Umstellung auf das Leben im Alter notwendig wird ... Du genießt den gleichen Ablauf der Tage, du langweilst dich nicht, weil du dich nie gelangweilt hast. Es kommt nur noch eine Wendung des Weges, die letzte, die die Zeit in Ewigkeit verwandelt.«

Dein ist der Tag, und dein ist die Nacht.
Gott sei Dank!

Friedhelm Wixforth

SCHÖNHEIT

Als der Sommer kam, räumte Karin ihren Kleiderschrank um: die dicken Winterpullis nach hinten und die leichte Garderobe nach vorn.

»Ach, *die* Bluse hab' ich ja auch noch.« – »Und das Geblümte ist dieses Jahr auch noch modern.«

Je mehr Karin stöberte, desto mehr geriet sie in eine richtige Sommerlaune: Leicht fühlte sie sich und vital.

Sie begutachtete die Kleider mit ausgestreckten Armen und sah sich in der Phantasie sportlich-elegant im City-Look oder ganz romantisch in weitschwingenden Kleidern.

Ein paar von den chicen Sachen wollte sie gleich mal anprobieren.

Aber dann! Als sie in den schmalen Leinenrock gerade noch hineinpaßte, als die Oberarme in dem luftigen Trägerkleid viel zu fleischig wirkten und in den Shorts die Cellulite an den Beinen nicht mehr zu übersehen war, da war es aus mit ihrer guten Laune.

Plump fand sie sich, viel zu dick. Und zu blaß. Auch ihre Frisur gefiel ihr nicht. Und erst ihr Gesicht!

Karin fand sich häßlich. Sie fühlte sich erbärmlich.

Wie eine graue Maus. Schlimmer noch: wie ein Nichts – und darunter litt sie.

In Amerika hat man diesem Leiden einen Namen gegeben: »Barbie-Syndrom« heißt es dort.

Nach diesen langbeinigen, schlanken Puppen, die für jeden Anlaß die passende und perfekt sitzende Kleidung haben.

Vom »Barbie-Syndrom« seien vorwiegend Frauen betroffen, heißt es. Und das kommt so:

Die Frauen sehen im Fernsehen und in Illustrierten Bilder von jungen, schlanken Models. Von Plakatwänden lächeln sie allgegenwärtig herunter. In Fernsehfilmen lösen sie maßlose Bewunderung aus: schöne Menschen, schönes Leben.

Auf die Dauer macht der Anblick dieser Schönheiten die Frauen krank. Denn sie vergleichen sich mit ihnen, finden sie traumhaft, himmlisch, göttlich! – Und ihr eigenes Spiegelbild erschreckt sie dann bis zur Erschütterung ... *Diesem* Ideal entsprechen sie nicht.

Frauen, die sich an solchen Schönheitsidealen orientieren, die übersehen, daß das nur Bilder sind, Kunstprodukte.

Visagisten, Hair-Stylisten, Fotografen waren hier am Werk und haben die Schönheit inszeniert.

Bild-schön. Aber eben nur schöne Bilder.

Und trotzdem: Diese Bilder prägen sich ein, setzen sich in den Köpfen der Betrachter fest.

Was makellos ist und schön gestaltet, das hat eine ungeheure Anziehungskraft.

Das war immer so. Schon im alten Israel, wie die Bibel erzählt.

Der Prophet Jeremia hatte viel damit zu tun, seine Landsleute davor zu warnen.

Echtes und Künstliches sollten sie unterscheiden: Damals gab es selbstgebaute Figuren, aus edlem Material – und sehr schön anzusehen. Die Menschen bewunderten diese Figuren. Sie waren dermaßen von ihnen beeindruckt, daß sie sie als Götter verehrten.

Jeremia durchschaute das Spektakel: *»Wie kann man solche Gestalten verehren und sie auch noch für göttlich halten?«* rief er. *»Sie sind von Menschen gemacht. Und auch wenn sie kunstvoll und schön sind, so sind sie doch nichts anderes als Vogelscheuchen im Gurkenfeld. Sie stehen da und bewirken nichts. Pappkameraden!*

Ihr, Leute, sollt euch lieber an Gott orientieren, der ist lebendig und bewirkt etwas: Gott hat euch nämlich geschaffen: lebendige Menschen.«

Wenn Karin diese Worte von Jeremia hören könnte! Vielleicht würde das Hochglanz-Idealbild von einer »schönen Frau« dann aus ihrem Kopf verschwinden. Vielleicht würde sie die zu engen Kleider ausziehen und ihren Körper im Spiegel ansehen. Sie würde sich selbst sehen, ohne sich zu vergleichen. Und vielleicht würde sie dann denken: »Ja, das bin ich, so wie ich leib' und lebe.

Mein Körper erzählt etwas von mir, von meiner Lebensgeschichte: ›Ich habe Falten, weil ich viel gelacht habe und auch Sorgen hatte. Mein Busen ist schlaff, weil ich meine Kinder gestillt habe. Ich habe zugenommen in den letzten Jahren, aber ich fühle mich weich und glatt an.‹«

Karin würde sich dann anders sehen: als ein lebendiges Geschöpf Gottes, einmalig und schön.

Andrea Seils

SCHULANFANG

Unsere Kirchen am Ort waren am ersten Schultag wieder voll besetzt. Nicht nur die neu eingeschulten Kinder nahmen teil, sozusagen als Hauptpersonen, sondern auch Geschwister, Mitschülerinnen und Mitschüler, Lehrkräfte und ganz viele Eltern und Großeltern.

Der Schulanfang ist ein Übergang im Lebenslauf. Er wird festlich begangen. Ein neuer Lebensabschnitt beginnt. So dürften die Erwachsenen vielfach mit Freude und Dank dem Gottesdienst beigewohnt haben; aber auch mit der Sorge: Wie wird es werden? Wie wird es unserem Kind ergehen?

Vor mehr als vierzig Jahren habe z.B. ich meinen ersten und besten Freund unmittelbar im Anschluß an den Einschulungsgottesdienst kennengelernt auf dem Weg von der Kirche zur Schule. Ich hatte Glück.

Als vor wenigen Tagen mein katholischer Kollege und ich den Kindern Glück wünschten für ihre Schulzeit, war uns klar, daß Glück etwas mit Segen zu tun hat. Deshalb haben wir zum Schluß die Arme ausgebreitet und für die Kinder und ihre Angehörigen sowie für die Lehrerinnen und Lehrer Gottes Segen erbeten. Und dann haben wir das Kreuz geschlagen in der vollen Überzeugung: »In hic signo vinces.« (»In diesem Zeichen wirst du siegen.«) Diese Zusage gilt.

Ob das Kreuz im Klassenzimmer einer öffentlichen Schule hängen oder nicht hängen soll, mag umstritten sein. Daß es in der Kirche über dem Altar seinen Platz und seine Bedeutung behält, ist dagegen so sicher wie das sprichwörtliche Amen dort.

Fritz Stegen

SCHULE

»*Ich schäme mich des Evangeliums von Christus nicht.*
Es ist eine Kraft Gottes, die jeden rettet, der daran glaubt.«
(Römer 1,16)

Auf der Suche nach dem Evangelium in einem 5. Schuljahr:
Die Religionsgruppe hat 12 Schüler,
genauer gesagt 11 Schüler und eine Schülerin.
Donnerstags sitzen noch 4 Mädchen und 3 Jungen hinten,
die beaufsichtigt werden müssen.
Manchmal machen sie mit.
Sonst machen sie Schularbeiten und hören mit halbem Ohr zu.
Nur drei Schüler kommen aus einer vollständigen Familie.
Kein Kind hat Berührungen mit Kirche gehabt.
Unterrichtsthema: Könige und Propheten.
Wir unterrichten zu zweit.

Es vergeht eine ganze Zeit, bis der Unterricht beginnen kann.
Nach dem ungeheuren, aber nicht unfreundlichen Lärm auf dem Flur, nach dem krachenden Türenzuschmeißen sind alle in der Klasse.

»Wetten, daß ihr nicht zwei Minuten schweigen und die Augen schließen könnt?«
»Doch, wir können.«
Wir steigern die Zeit von Stunde zu Stunde.
Denn wir wollen ins Guinessbuch der Rekorde.
Nach 6 Stunden stehen wir bei 8 Minuten.
Wir sehen Farben und Personen,

wir gehen durch Räume,
und wir malen uns Bilder im Kopf.
Wir reisen mit den Gedanken.
Die Schüler wollen wirklich einen Rekord aufstellen.
Aber es hat sich auch etwas Neues ergeben.
Sie wollen weiter in sich hineinschauen.
Wenn schweigen und sich besinnen entspannt und froh machen kann,
dann ist es für diese Kinder Evangelium.

Zum Erzählen sitzen wir im Stuhlkreis:
Geschubse, Abneigungen, Tritte gegen die Beine.
Stühle bekommen einen kleinen Sicherheitsabstand.
Sobald das Erzählen beginnt, gibt es nur noch vereinzelte Unterbrechungen.
Die Sache mit Samuel und Saul ist ja auch ganz spannend.
Etwas erzählt bekommen ist außerdem besser,
als dem Finger folgend lesen zu müssen.

Totenstill ist es, wenn wir etwas von uns erzählen:
etwas, das zu ihrem Leben paßt,
etwas, das sich mit ihrer Lebenswirklichkeit deckt,
etwas, das ganz fremd ist,
etwas, das unaufdringlichen Orientierungscharakter haben kann.

Ich schäme mich des Evangeliums nicht.
Plötzlich ist der Stuhlkreis geschlossen.
Treten und Traktieren mit den Ellenbogen haben aufgehört.
Nach 15 Minuten Erzählen und Gespräch kommt der Bruch.
Die Konzentration ist weg.
Der Wunsch aber bleibt:
»Wann erzählen Sie weiter?«

In dieser Viertelstunde waren wir ganz eng aneinandergerückt.
Bilderbuchunterricht!
War die Nähe zueinander frohe Botschaft?

David und Bathseba – und Nathan.
Die Schüler entwickeln die Geschichte aus einer Zeichnung.
»Guck mal, der Spanner!«
David hat seinen Namen weg.
Die Geschichte nimmt langsam Gestalt an.
Dirk zeigt auf Bathseba und schreit:
»Die Alte soll bloß bleiben, wo sie ist.«
Alle wissen, was bei Dirk zu Hause los ist.
Dirk ist sehr verletzlich.
Er schützt sich davor durch Nonchalance und Rüpelhaftigkeit gegen alle.
Die Situation zu Hause macht ihm schwer zu schaffen.
Sehr oft verweigert er die Mitarbeit.
Gibt es aber etwas,
das er ganz allein für die anderen erarbeiten kann,
dann klotzt er ran – mindestens für 10 Minuten.
Für ihn sind 10 Minuten Anerkennung frohe Botschaft.

Benjamin.
Wenn wir Benni nicht hätten!
Er ist flink, neugierig, unorganisiert bis flippig,
kann nicht lange bei einer Sache bleiben.
Er strahlt Lebensfreude aus.
Er startet Gespräche und treibt sie voran.
Dann springt er zu etwas anderem.
Es steckt etwas in ihm, das ihn fröhlich macht.
Aber wir wissen nicht, was es ist.

Nabots Weinberg.

Assoziatives Malen.
Jeder kann mitgestalten.
Keiner muß gut zeichnen können.
Das Gestalten eines Bildes dauert vier Stunden.
»Herr, gib Geduld!«
Kirsten malt in einer Stunde höchstens fünf Farbfelder aus.
Auch wenn wir uns besonders um sie kümmern,
mehr ist nicht drin.
Zwei Mädchen aus der Donnerstagsgruppe helfen
und ziehen Kirsten mit durch.
Auch sie hat ein Bild fertig.
Auch sie hat einen Erfolg.
Was ist das?
Getragen werden oder nur kooperatives Arbeiten?
Kirsten hat uns stolz ihr Bild präsentiert.

Immer noch bei Nabots Weinberg.
Frank.
Sein Lieblingssatz:
»Ich will jetzt zur Bude!«
Das heißt, meine Konzentration ist weg.
Sein Bild bekommt er alleine fertig.
Es hat lange gedauert.
Hilfe hat er kategorisch abgelehnt:
»Pack mein Bild nicht an!«
Frank hat ein phantastisches Bild gestaltet.
Wir sagen es ihm.
Er reagiert nicht.
Vielleicht hat es ihn doch gefreut.
Frank ist ein Einzelgänger.

Mike.
Mike ist unendlich langsam und sehr zuverlässig.
»Das mach ich zu Hause fertig!«

Er spricht sehr wenig.
Er bewegt, was er hört, in seinem Herzen ... –
aber ganz schön langsam und bedächtig,
damit kein Wort verlorengeht.
Und eines Tages, wenn keiner damit rechnet,
sagt er ein gewichtiges Wort.
Wir sind überrascht und denken: Donnerwetter!
Er hat sein kleines Stückchen Evangelium ergriffen.

»Das Evangelium ist eine Kraft Gottes, die jeden rettet, der daran glaubt.«
Es ist eine Kraft für Dirk.
Es ist eine Kraft für Kirsten.
Es ist eine Kraft für Frank.
Für Benni.
Für Mike
und die anderen in der Gruppe.

Und es ist eine Kraft für uns.
Denn Evangelium ist auch der Lohn,
den ein Botschafter für das Überbringen
einer guten Nachricht empfängt.

Christian Gauer

SCHWEIN GEHABT

Vor einigen Tagen: Ich stand gerade am Mülleimer, um den Abfalleimer zu leeren, da fuhr mein Nachbar mit seinem Auto aufs Nachbargrundstück. Er stieg aus, und in großer Erregung rief er seiner Frau zu: »So ein Schwein, das ich gehabt habe! So ein Schwein – du kannst es dir nicht vorstellen!« Er war offenbar, ich bekam am Mülleimer alles mit, mit seinem Wagen auf der B 1 gefahren, als einem anderen Auto vor ihm plötzlich ein Reifen platzte und er im letzten Moment ausweichen konnte. »So ein Schwein!«

Auch ich hatte neulich eine brenzlige Situation auf der Fahrt zum Arbeitsplatz, als ich auf die linke Fahrspur wechselte und das Auto nicht gesehen hatte, das sich schräg hinter mir befand. »Schwein gehabt?«

Vor knapp 10 Jahren hatte ich einen schweren Autounfall. Der Wagen hatte einen Totalschaden, aber meine Familie und ich blieben unverletzt. Glück gehabt, Schwein gehabt? Wem soll ich danken?

Von dem Dichter Rudolf Otto Wiemer stammt ein Text: »Großes Dankgebet«: »Ich danke dir, Schwein, das ich gehabt, toi toi toi, dreimal auf Holz geklopft, wem soll ich sonst danken – für den Zufall, Schwein, den Planetenaspekt, für die günstige Konstellation, dreimal auf Holz geklopft – für den Verkehrsunfall, den ich nicht gehabt, weil ich, der ich Schwein gehabt, toi toi toi, mit dem Schrecken davonkam...«

Ein neunzigjähriger Geburtstag. Es sind viele Verwandte da, Enkel und Urenkel. Alle staunen über die 90jährige Großmutter, die noch bei guter Gesundheit ist und sich lebhaft an der Unterhaltung beteiligt. Sie wird gefragt: »Wie hast du das geschafft, Oma, so alt zu werden?« Die Großmutter: »Dafür muß ich Gott danken. Und ich bin froh und dankbar für jeden Tag, den er mir schenkt.« Die Reaktion der Kinder: »Na, na, wir haben dich auch gut gepflegt. Du hast auch ein robustes Herz. Außerdem bist du eben auch ein ›Löwe‹.«

Dankbarkeit gegen Gott habe ich so ausdrücklich fast nur bei alten Leuten erlebt. Etwa auf Geburtstagen. Und fast immer gab es dann einen Moment peinlichen Schweigens.

Wem sollen wir danken für die eigenen Jahre? Unserer guten Gesundheit, dem Schicksal, unserer Herkunft?

Noch einmal Rudolf Otto Wiemer: »Ich danke dir, Schwein, für den großartigen Stand der Wissenschaft, die biologische Forschung, die Pille, die Spritzen, die Rheumatabletten, toi toi toi, für die Fortschritte der Medizin – ich danke dir, Schwein, das ich gehabt, das ich wieder und wieder gehabt, ich danke dir, toi toi toi, dreimal auf Holz geklopft, wem soll ich sonst, soll ich sonst danken?«

Ja, wem sollen wir danken?

Die Bibel erzählt die Geschichte von zehn aussätzigen Männern, die eines Tages mit Jesus zusammentreffen. Sie sind hoffnungslose Fälle, ausgestoßen aus der Gemeinschaft der Gesunden, dahinvegetierend in Erdlöchern, lebend so gut wie tot. Diese zehn haben unwahrscheinliches Glück. Sie werden geheilt und dem Leben wiedergegeben. Sie dürfen zurückkehren in ihr Haus, ihre Familie, in die schützende Alltäglichkeit ihres Lebens. Aber nur einer von ihnen verwandelt dieses Glück in Dank. Nur einer von den zehn kehrt zu Jesus zurück, er, ein Außenseiter, ein Samariter.

Was unterscheidet die neun anderen von dem einen?

Auch die neun sind überglücklich, ihre Gesundheit wiedererlangt zu haben. Doch sie betrachten ihre Heilung wie einen glücklichen Zufall, den sie einstecken, um dann ihres Weges zu ziehen. Der Samariter sieht seine Heilung mit anderen Augen. Er staunt: »Wie kommt Gott dazu, mir das Leben neu zu schenken? Womit habe ich das verdient?« Er blickt von dem, was er empfangen hat, hin zu dem, der es ihm geschenkt hat.

Denken, auch nur einen Augenblick, ist der erste Schritt zum Danken.

Was mache »ich« mit der Erfahrung, daß es mir gut geht und ich keine Not zu leiden habe? Führe ich das auf meinen Fleiß und meine Tüchtigkeit zurück, auf das Glück oder vielleicht den puren Zufall? Mit welchen Augen sehe ich meine Genesung von der schweren Krankheit vor ein paar Jahren? Daß die Familie von schweren Unfällen bisher verschont blieb?

Es gibt keine zwingende Notwendigkeit, dafür gerade Gott zu danken. Ich kann auch alles auf berechenbare Ursachen und Gründe zurückführen. Daß ich morgens gesund aufwache, ist kein Grund zum Danken, denn ich bin auch 12367-mal vorher gesund aufgewacht, und außerdem habe ich nachts keine gefährlichen Experimente unternommen.

Daß ich ohne Unfall zur Arbeitsstelle gekommen bin, ist kein Wunder, denn die Straße war nicht glatt, es war kein starker Verkehr und ich bin vorsichtig gefahren.

Und daß heute morgen wunderschön rot die Sonne über dem Wald aufgegangen ist, ist auch kein Geheimnis, denn es ist in dieser Jahreszeit eben kalt, es liegt ein Hoch über Deutschland, also haben wir klares Wetter und gute Sicht, so daß die Sonne zur Zeit gar nicht anders kann, als groß und rot im Osten aufzugehen.

Wenn wir wollen, können wir so alles erklären – und haben damit doch gar nichts erklärt. Wenn sich alles mit zwingender Notwendigkeit auf klar erkennbare Ursachen zurückführen läßt, wenn das ganze Leben organisiert ist und alles erklärt werden kann – dann werden die, die ihr Leben als Wunder erleben, die letzten freien Menschen sein.

Wem soll ich danken? Dem Zufall, dem Schwein, dem Schicksal, meiner gesunden Natur?
»Gott sei Dank!« sagen wir oft unüberlegt dahin. Das ist meist nicht mehr als eine Floskel. Diese Floskel wird ärgerlich, wenn wir damit meinen: »Gott sei Dank, daß ich nie an Drogen geraten bin! Gott sei Dank, daß ich nicht in den Slums von Kalkutta geboren bin!« Dank kann auch zur Lästerung werden!
Doch selbst in der so unbedacht dahingesagten Floskel »Gott sei Dank!« schwingt noch eine Erinnerung daran mit, daß das Leben weiterreicht als alle Erklärungen von ihm. Wir haben es nicht nur mit uns selbst zu tun, aber wir haben es eben nicht mit einem blinden Schicksal oder einem ominösen Schwein zu tun, sondern mit einem Gott, der es gut mit uns meint. Gott sei Dank!

Hans-Martin Lübking

SICHERHEITEN

»Liebe Kinder, es waren einmal drei kleine Schweinchen, die bauten jedes für sich ein Häuschen ... Ja, Patrick, was ist?«

»Also, das finde ich aber unsozial. Drei Häuser und in jedem von ihnen nur ein Schwein! Wenn die schon bauen wollen, dann sollen sie doch zusammen in ein einziges Haus ziehen.«

»Nun warte doch mal, Patrick, darum geht es doch gar nicht. Das ist doch nur eine Geschichte! Also, die drei kleinen Schweinchen beschließen, drei kleine Häuschen für sich zum Wohnen zu bauen. Das erste Schweinchen war sehr faul und wollte schnell fertig werden, damit es ordentlich Zeit zum Flötespielen hatte. Deshalb beschloß es, sich mit einer Strohhütte zu begnügen. Das andere war auch faul, liebte jedoch einen gewissen Komfort und plante daher ein Holzhaus. ›Ihr leichtsinnigen Narren‹, schimpfte daraufhin das dritte Schweinchen. ›Da kann doch der große, böse Wolf ohne Probleme reinkommen und euch fressen! Nur in einem Steinhaus seid ihr wirklich sicher!‹ Was hast du gesagt, Nadine?«

»Genau wie meine Mutter!«

»Was?«

»Na, das dritte Schweinchen.«

»Irgendwo hat es ja auch nicht ganz Unrecht, oder? Schließlich müssen wir ja alle irgendwann einmal an unsere Zukunft denken. Ja, Patrick?«

»Wir haben aber keine Zukunft, wenn wir nur Ein-Personen-Haushalte bilden.«

»Patrick, zum letzten Mal: Das hier ist eine Geschichte, kein Plädoyer für den sozialen Wohnungsbau. Also, natürlich ist die Strohhütte als erstes fertig, und das Schweinchen packt seine Flöte und geht zu seinen Freunden. Auch das Holzhaus steht ruck, zuck! Beide Schweinchen machen sich singend und tanzend auf den Weg, um ihren dritten Kameraden abzuholen. Der aber muß noch mauern. Da lachen die beiden über ihn, weil er sich soviel Arbeit macht. ›Wartet nur, wenn der große, böse Wolf kommt! Dann werdet ihr mich noch um mein solides Steinhaus beneiden‹, sagte daraufhin das dritte Schweinchen. Aber wenn ihr glaubt, das hätte den beiden Nichtsnutzen zu denken gegeben, so irrt ihr euch. Gelacht haben sie und Flöte gespielt.«

»Toll! Schade, daß es im wirklichen Leben immer umgekehrt ist. Nie sind die wirklich abgefahrenen Typen in der Mehrheit, immer die Spießer in ihren Steinhäusern.«

»Nadine, wir brauchen Menschen, die ernsthaft arbeiten, damit wir in Notzeiten geschützt sind, das zeigt auch unsere Geschichte. Denn, natürlich kam eines Tages der große, böse Wolf und wollte die Schweinchen fressen. Zum Glück hatten sie ihn rechtzeitig gesehen. Sie rannten so schnell sie konnten in ihre Häuser und verrammelten die Türen...«

»...und natürlich hat nur das Steinhaus gehalten, weil der Wolf kein Dynamit gekauft hatte, und deshalb sollen wir auch fleißig arbeiten, damit die Wölfe uns nicht fressen.«

»Patrick, ist es denn wirklich so verkehrt, sich auf Notzeiten einzurichten?«

»Wir können doch nicht jeder für sich eine Burg bauen, und wir können uns auch nicht vor jedem Wolf schützen. Was hätte denn das dritte Schweinchen gemacht, wenn es dem Wolf weit entfernt von zuhause im Wald begegnet wäre?«

»So dumm, sein schönes Häuschen zu verlassen, wäre das dritte Schweinchen natürlich nie gewesen. Ja, Nadine?«

»Armes Schwein!«

Klaus Johanning

SINGEN

*E*s war einmal, vor langer, langer Zeit, da gab es irgendwo, wo jetzt Häuser stehen, einen großen Garten mit hohen alten Bäumen, bunten Blumen und einem Teich.

Der gehörte, ja, und da wird es schwierig – man wußte eigentlich nicht so genau, wem dieser Garten gehörte. Seit Jahren war kein Besitzer mehr aufgetaucht, und deshalb hatten die Tiere die Herrschaft übernommen.

Und in jedem Frühling, wenn alles wieder blühte, da gaben sie ein großes Konzert. Die Vögel sangen in den Bäumen, die Bienen summten zwischen den Blumen. Wie war es doch schön und harmonisch!

Nur am Teich, da blieb es still.

Ein Frosch saß am Ufer und hatte traurig den Kopf gesenkt. Er durfte nicht singen. Es war ihm ausdrücklich verboten worden. Und damit er das auch nicht vergessen konnte, hatte man seinen Teich von allen Seiten mit Quakverbotsschildern umstellt.

Das war bitter für ihn. Wie hatte er sich doch immer auf den Frühling gefreut und seine Freude durch anhaltenden Gesang kundgetan!

Bis dann eines Tages, als er gerade wieder aus Herzenslust sein »Quak« in den Himmel schmetterte, zornige Stimmen ertönten: »Willst du wohl aufhören, das ist ja grauenhaft!«

»Ich?« fragte der kleine Frosch ganz erschrocken.

»Ja, du, oder hörst du hier noch einen rumquaken?«

»Entschuldigung«, sagte der Frosch, »aber ich singe doch so gern.«

»Dann mach es gefälligst unter Wasser.«

Das klappte natürlich nicht so recht. Um ein Haar wäre der

Frosch ertrunken. »Und wenn ich es noch einmal etwas anders versuche?« fragte er schüchtern.

»Na gut, aber du mußt dir Mühe geben. Versuch doch einmal, eine Terz höher zu quaken, das paßt vielleicht etwas besser in unsere Stimmlagen.«

Und der Frosch gab sich wirklich Mühe. Er atmete tief, pumpte sich voll Luft, konzentrierte sich und sang laut: »Quak...«

Das ist eben das Problem mit den Fröschen. Man kann sie drehen und wenden, wie man will; was rauskommt ist immer »quak«.

So sahen das auch die Tiere des Gartens.

»Weißt du«, sagte die Schwarzdrossel zum Rotkehlchen, »so ganz geheuer war mir dieser grüne Typ ja nie.« – »Geht mir genauso«, zwitscherte die Blaumeise aus Sorge, nicht beachtet zu werden.

Und so kam es, daß es ganz still wurde am Gartenteich.

Die Jahre vergingen, und der Frosch blieb stumm.

Bis eines schönen Tages eine Brieftaube im Garten landete. Sie war von weither gekommen und kündigte den Besuch des Besitzers an.

Da herrschte allgemein helle Aufregung. Ein großes Konzert wurde geplant, und dem Frosch, der sich Hoffnung machte, wenigstens beim Empfang dabeisein zu dürfen, schärfte man ein, möglichst die ganze Zeit unter Wasser zu bleiben, damit ihm auch ja nicht aus Versehen ein Quak entfahren könnte.

Und dann kam der große Tag. Es wurde ein prächtiges Konzert zu Ehren des Gartenbesitzers. Allerdings, als dann der letzte Akkord verflogen war, da sagte er: »Wunderschön das alles, aber es fehlen euch die tiefen Lagen. Habt ihr hier denn keine Frösche mehr?«

Wie war ihnen das peinlich! Sogar die Schwarzdrossel wurde rot. Schluckend und stotternd mußten sie gestehen, was sie dem armen Frosch angetan hatten.

»Ihr seid ja fast so schlimm wie die Menschen«, rief der Besitzer des Gartens erbost. »Merkt euch eins: Hier in meinem Reich will ich alle Stimmen hören, und wehe dem, der auch nur einem einzigen den Mund verbietet!«

Und die Moral von der Geschicht': Was dem einen nur »Quak«, ist dem anderen die nötige Tiefe.
Drum hütet euch, den Fröschen das Singen zu verbieten, solange ihr nicht die Besitzer des Gartens seid.

Klaus Johanning

SORGEN

Katrin ist 14 Jahre alt. Seit einem Jahr geht sie zum Konfirmandenunterricht. Es macht Spaß, jedenfalls manchmal. Vor allem die Freizeit in den Osterferien, das war gut. So etwas müßte öfter stattfinden. Insgesamt geht es eher locker zu. Manche nutzen das aus. Einige Jungen sind manchmal unerträglich. Katrin ist aber froh, daß sie nicht so viel auswendig lernen muß. Mit der Schule hat sie schon Probleme genug. In Mathe kommt sie nicht von der Fünf runter. Zu Hause gibt es deswegen immer Ärger. Die Versetzung ist in Gefahr. Ihre Eltern halten ihr vor, daß sie in zwei Jahren keine Lehrstelle bekommen wird. Ihr Vater sagt: »Du willst nicht lernen, du willst nicht arbeiten – aber dein Vater soll dich ernähren!« Katrin ist manchmal verzweifelt. Wenn sie doch diese Schule erst hinter sich hätte.

»Deswegen sage ich euch: Sorget euch nicht um euer Leben!« (Matthäus 6,25–34) Gut gesagt! Aber kannte Jesus Schulkinder? Kannte Jesus die Sorgen von Eltern, die pubertierende Kinder haben?

In der Schule geht es um Leistung, Noten, Versetzung. Die Schule, die Hausaufgaben, die Lehrer – das ist »der« Konfliktstoff in den Familien und »der« Gesprächsstoff der Kinder im kirchlichen Unterricht!

Wie gehen wir damit in der Kirche um? Geht es uns hier wirklich um die Kinder und ihre Probleme, oder geht es uns um die Sorge um den fehlenden Nachwuchs der Kirche? Ich habe den Eindruck: Hinter vielen Veröffentlichungen und Verlautbarungen aus dem kirchlichen Raum steht in erster Linie die Sorge um die Wahrung des kirchlichen Besitzstandes.

Jesus sagt: »*Trachtet zuerst nach dem Reich Gottes, so wird euch solches alles zufallen!*« Könnte das nicht auch heißen: »Kümmert euch zuerst um die Kinder und ihre Probleme, dann werden auch die Sorgen geringer, was denn wohl aus der Kirche werden wird!«?

Vorgestern war Katrin einen ganzen Nachmittag mit ihrer Mutter in der Stadt. Sie brauchte eine neue Hose und ein neues Sweatshirt. Das heißt: Ob sie das brauchte, lassen wir mal dahingestellt sein. Sie zog ihre anderen Hosen nicht mehr an. Sie waren unmodern. Es gab jetzt gestreifte Jeanshosen von einer italienischen Marke. Einige Mädchen aus ihrer Klasse hatten schon solche Hosen. Doch die Suche war vergeblich. Diese Hose kniff, jene war zu lang, eine andere hatte die falsche Farbe. Und es mußte eine ganz bestimmte Marke sein. Ihre Mutter war hinterher mit den Nerven fertig. Und die Preise …! Katrin sah das nicht so eng. Hatte ihre Mutter doch neulich auch alle Geschäfte nach einem neuen Mantel durchstöbert – und nichts gefunden.

Jesus sagt: »*Darum sollt ihr nicht sorgen und sagen: Was werden wir essen? Was werden wir trinken? Womit werden wir uns kleiden?*«
Ich muß gestehen: Ich habe mich neulich auch gesorgt, weil ich für einen feierlichen Anlaß ein neues weißes Hemd brauchte. Doch ich mußte feststellen: Einfache, preiswerte, weiße Hemden gab es gar nicht mehr. Nur noch solche mit modischem Schnickschnack und ausgefallenem Design.
Der Wohlstand hat sich – zumindest in unseren Breiten – zur Tyrannei ausgeweitet, der sich niemand mehr entziehen kann, auch wenn er es will. Er macht süchtig, er macht abhängig.
»*Trachtet zuerst nach dem Reich Gottes und seiner Gerechtigkeit, so wird euch solches alles zufallen*«, sagt Jesus. Wir sagen

den Kindern: »Konsum ist keine Antwort auf die Frage nach dem Leben« – doch unsere Taten strafen unsere Worte Lügen. Der christliche Glaube ist im Konsumzeitalter etwas Exotisches: Wie kann es uns gelingen, ihn Kindern wieder plausibler zu machen?

Heute hat Katrin Post bekommen. Sie hat an Greenpeace geschrieben, weil sie dort Mitglied werden wollte. Die Bilder von den toten Seehunden im Fernsehen hatten sie nicht mehr losgelassen. Manchmal hat sie eine unglaubliche Wut auf die Politiker, die nichts unternehmen. »Die haben doch höchstens noch 20 Jahre zu leben – aber ich muß das alles einmal ausbaden.« Jetzt hat sie etwas unternommen. Sie wird Mitglied bei Greenpeace. Ihre Mutter hat sie schon genervt: Die muß jetzt immer den Müll sortieren und darf keine Plastikflaschen mehr kaufen. Aber ihre Mutter zieht nun mit. Manchmal ist es noch nicht so hoffnungslos mit den Erwachsenen.

Jesus sagt: »*Sorgt nicht um euer Leben!*« Gut gesagt! Aber nun ist das Leben selbst in Gefahr. Meere sterben, Tiere verschwinden, Bäume gehen kaputt. Ich habe oft den Eindruck: Kinder sind hier sensibler als Erwachsene. Sie bekommen ja alles mit und wissen schon mit 10 Jahren Bescheid über das Ozonloch und Rinderwahnsinn und Plutonium.
Das löst Angst aus, die auch da ist, wenn sie sie nicht zeigen oder ausdrücken können.
Auf welcher Seite stehen wir in der Kirche? Wollen wir, daß Kinder möglichst viel Lehrsätze aufsagen können – oder wollen wir ihnen helfen, für ihre Zukunft auf diesem Planeten zu kämpfen? Ich vermute: Nicht durch geistliche Übungen und Telefonaktionen, sondern durch tätige Sorge um das Leben der Menschen, mit denen wir es zu tun haben, wird die Kirche attraktiv.

Katrin ist 14 Jahre alt. Wie viele Mädchen in ihrem Alter führt sie ein Tagebuch. In dem Tagebuch liegt ein Lesezeichen: eine gepreßte Blume, die sie einmal im Kindergottesdienst bekommen hatte. Sie kann sich noch gut erinnern. Damals war ihr die Blume wie ein Zeichen gewesen: Gott meint es gut mit mir. Wenn Gott sich schon um eine Blume sorgt, dann sorgt er sich auch um mich. Manchmal, wenn sie ihr Tagebuch jetzt aufschlägt und die Blume ansieht, kommen ihr Zweifel: »Geht wirklich alles gut? Gibt es Gott überhaupt? Wie wird mein Leben einmal aussehen?«

Es wäre unehrlich, den Kindern zu sagen: »Ihr braucht euch keine Sorgen zu machen!« Nein, vieles ist nicht in Ordnung. Aber es gibt wichtige Sorgen und unwichtige. Jesus stellt eine klare Reihenfolge auf: »*Trachtet zuerst nach dem Reich Gottes und seiner Gerechtigkeit!*« Ich glaube, das ist zunächst uns Erwachsenen gesagt: also nicht zuerst die eigene Sicherheit, die Vermehrung des eigenen Wohlstands – sondern zuerst die Gerechtigkeit für alle, die Lebensrechte für die Kleinen und Schwachen! Nicht weniger als eine Umkehr der Prioritäten also.

Doch woran sollen Kinder und Jugendliche das lernen, wenn nicht an den Beispielen, die wir Erwachsenen ihnen geben?

Hans-Martin Lübking

SPUREN

Vor einiger Zeit hatte ich auf dem Friedhof zu tun. Auf dem Hinweg zum Grab kam der Trauerzug an einer Bank vorbei. Dort saß eine ältere Dame, die offensichtlich den Halt der Bank dringend brauchte. Als ich auf dem Rückweg wieder dort vorbeikam, erhob sich die Dame, wollte fortgehen, stürzte aber nach wenigen Schritten und fiel mit dem Gesicht auf den Weg. Ich hob die Frau auf, das Gesicht war voll Blut und Dreck, und hievte sie wieder auf die Bank. Jemand anderes von der Trauergemeinde rief schnell den Krankenwagen. Ich versuchte, die Frau zu stützen, damit sie nicht von der Bank fiel. Alsbald sah ich den Grund für ihren Schwächeanfall: Hinter der Bank lag eine offene Schnapsflasche, deren Inhalt offensichtlich nicht auf die Erde, sondern woandershin geflossen war.

Ich fragte die Frau nach ihrem Namen. Sie antwortete: »Du kennst mich nicht? Ich kenne dich aber!« – Betrunkene haben ja oft keine Hemmungen und duzen alle Welt. Die Frau hätte bestimmt auch den Bundeskanzler mit einem freundschaftlichen »Du« angeredet, wenn der gerade vorbeigekommen wäre. Sie sagt also zu mir: »Ich kenne dich, du bist ein Hündchen.« Diese Bezeichnung war ich weniger gewohnt, darum fragte ich: »Wieso ein Hündchen?« Die Antwort hieß: »Du bist ein Himmelshündchen.« Aha, aber auch das war mir noch etwas schleierhaft, bis die alte Dame lallend hinzufügte: »Du bist ein Himmelshündchen, das eine Spur in den Himmel erschnüffeln will.«

Nachdem sie das gesagt hatte, kamen auch schon die Pfleger, die sie zum Krankenwagen brachten, und ab ging's in Richtung Krankenhaus.

Ich mußte noch längere Zeit darüber nachdenken: »Du bist ein Himmelshündchen, das den Weg zum Himmel erschnüffeln will.« So unrecht hatte die Frau ja gar nicht. Ist es nicht tatsächlich mein Bestreben, so etwas wie eine Spur zu finden, die von der Erde zum Himmel führt? Ich möchte die Menschen überzeugen, daß es ein Jenseits gibt, daß eine höhere Macht dasein muß, die wir Gott nennen und der wir vertrauen können.

Im Grund stimmt der Vergleich mit dem Hündchen sogar ziemlich genau. So wie ein Hund erschnüffeln will, wo jemand hergegangen ist, so möchte ich die verborgenen Spuren Gottes finden. Sind nicht z.B. die wunderbaren Naturgesetze ein Hinweis auf einen höchsten schaffenden Geist, der das alles so großartig organisiert hat? Sind das nicht offensichtliche Spuren Gottes in der Natur? Die ganze Schöpfung ist doch so großartig aufgebaut. Die Elektronen schwingen um den Atomkern in einem genau ausgeklügelten Abstand. Wäre dieser Abstand vom Atomkern nur ein Millionstel Millimeter kleiner, würde die ganze Welt in sich zusammenbrechen. Da steckt doch ein Konstrukteur dahinter, der sich das alles so ausgedacht hat, sollte man denken.

Aber viele Naturwissenschaftler machen diesen Schritt zum Glauben nicht. Sie sagen: Das ist zwar großartig und ruft unsere Bewunderung hervor. Aber das ist eben die Grundstruktur der Materie, einen Schöpfer brauchen wir dafür nicht.

Bei der Suche nach Spuren Gottes in der Natur kommen wir also nicht zu wirklich gesicherten Ergebnissen. Aber tut sich nicht an anderer Stelle die Tür zum Jenseits einen kleinen Spalt weit auf? Haben nicht manche Menschen in Todesnähe einen kurzen Blick getan in eine andere Welt? Haben sie nicht einen Schimmer des Jenseits zu sehen bekommen? Manche Menschen sind in Todesnähe einem hellen Licht begegnet, heller als jedes andere Licht und zugleich unendlich warm und liebevoll, ein Licht, das nicht von dieser Welt gewesen ist. Tut sich da nicht die Tür zum Jenseits einen Spalt weit auf?

Aber auf sicherem Boden befinden wir uns auch hier nicht. Das wunderbare helle Licht wird von anderen Forschern nicht als ein Strahl aus der Ewigkeit gedeutet, sondern es wird auf eine Überreizung der Sehnerven zurückgeführt, die bei höchster Lebensgefahr im angeschlagenen Gehirn ausgelöst wird.

Eine wirklich sichere Spur zu Gott und zu einer jenseitigen Welt ist also nicht zu finden. Vielleicht führt gar kein Weg von der Erde zum Himmel, vom Menschen zu Gott, vom Diesseits zum Jenseits, und das Himmelshündchen kommt bei seiner Spurensuche nicht zum Ziel.

Vielleicht ist es aber auch anders herum. Wir leben zur Zeit in der Adventszeit. In einigen Tagen ist Weihnachten. Die Weihnachtsbotschaft klärt die Frage nach den Spuren und Wegen zu Gott: Gott selber hat das Himmelstor aufgemacht und Jesus zu uns auf die Erde gesandt. Der Mensch, der auf dem Wege ist, Gott zu suchen, darf sich sagen lassen, daß er selber gesucht und gefunden ist von Gott. Das ist der Inhalt der weihnachtlichen Botschaft. Sie hat für jeden von uns in der einen oder anderen Weise eine hilfreiche und befreiende Bedeutung. Mit Jesus ist – von oben – ein Licht in unser Leben gekommen, das sich durch keine Finsternis ganz vertreiben läßt. Das ist wirklich eine gute Nachricht, über die wir uns freuen können.

Wennemar Schweer

STERBEN

Zu der Zeit wurde Hiskia todkrank.
Und der Prophet Jesaja, der Sohn des Amoz, kam zu ihm und sprach zu ihm: So spricht der Herr: Bestelle dein Haus, denn du wirst sterben und nicht am Leben bleiben. Da wandte Hiskia sein Angesicht zur Wand und betete zum Herrn und sprach: Gedenke doch, Herr, wie ich vor dir in Treue und ungeteilten Herzens gewandelt bin und habe getan, was dir gefallen hat. Und Hiskia weinte sehr. Da geschah das Wort des Herrn zu Jesaja: Geh hin und sage Hiskia: So spricht der Herr, der Gott deines Vaters David: Ich habe dein Gebet gehört und deine Tränen gesehen. Siehe, ich will deinen Tagen noch fünfzehn Jahre zulegen und will dich samt dieser Stadt erretten aus der Hand des Königs von Assyrien und will diese Stadt beschirmen (Jesaja 38,1-6).

»*Bestelle dein Haus! Denn du wirst sterben.*« So spricht der Prophet Jesaja zum König Hiskia.

Ärzte gebrauchen heute eine andere Sprache: »Krebs: Unheilbar krank! Inoperabler Tumor: Nichts mehr zu machen! AIDS: Höchstens noch ein Jahr!« Eine Nachricht wie ein Todesurteil. Man will es zunächst nicht wahrhaben. Es muß doch noch ein günstigeres Urteil geben – bei einem anderen Arzt, in einem anderen Krankenhaus. Wie an einen Strohhalm klammert man sich an jedes kleinste Fünkchen von Hoffnung. Doch irgendwann ist es unabweislich: Das Leben geht zu Ende. Gnadengesuch: unmöglich.

Es ist eines, gelegentlich einmal tiefsinnig über den Tod im allgemeinen zu meditieren – und etwas ganz anderes, persönlich und unausweichlich mit dem eigenen Sterben konfrontiert zu werden. Das ist in der Regel wie ein Schock. Alles wird fragwürdig. Vieles wird unwichtig. Urlaubspläne, Umbaupläne, Arbeitspläne: Alles wird hinfällig. Der nahe Tod schafft eine ganz neue Situation. Es gibt keine Zukunft mehr, höchstens noch eine Frist: ein Vierteljahr, ein halbes Jahr, einige Monate. Genau weiß es keiner.

Das kann schon mit 25 sein, das kann mich in der Mitte des Lebens überfallen, das ist aber nicht weniger hart, wenn jemand nach 70 schweren Lebensjahren noch auf einige gute Jahre im Alter gehofft hatte.

Der König Hiskia steht auf der Höhe seines Lebens. In der Bibel bekommt er im Gegensatz zu den meisten anderen Königen gute Zensuren. Er stellte den Tempeldienst wieder her, baute Vorratshäuser für Getreide, Wein und Öl, gründete Städte im ganzen Land. Ein König auf der Höhe seiner Macht.

»Bestelle dein Haus, denn du wirst sterben!« Der Tod kommt meist ungelegen. *»Da drehte sich Hiskia mit dem Gesicht zur Wand und begann laut zu weinen.«*

»Seit dem 19. Dezember 1981 habe ich gewußt, daß ich Krebs habe. Die Operation, die mir angeraten wurde, habe ich abgelehnt, nicht aus Heroismus, sondern weil sie meinen Lebens- und Todesvorstellungen nicht entsprach. Ich hatte keine Alternative. Man hätte mir die Harnblase herausgenommen, mich bestrahlt, und bei der ganzen Prozedur hätte ich doch nur eine Chance von 35% gehabt zu überleben, befristet und zerschnitten.«

Das schreibt Peter Noll, Professor für Strafrecht in Zürich, kurz vor seinem Tod in seinem Buch »Diktate über Sterben und Tod«. Er fährt fort:

»Sie alle werden sterben, einige von Ihnen sehr bald, andere viel später. Meine Erfahrung war die: Wir leben das Leben besser, wenn wir es so leben, wie es ist, nämlich befristet.

Dann spielt auch die Dauer der Frist kaum eine Rolle, da alles sich an der Ewigkeit mißt... Was soll sich denn ändern im Leben, wenn wir an den Tod denken? Vieles, nicht alles. Wir werden ein weiseres Herz gewinnen, wie der Psalmist sagt. Wir werden sorgfältiger umgehen mit der Zeit, sorgfältiger mit den anderen, liebevoller, wenn Sie so wollen, geduldiger – und vor allem freier. Niemand kann uns mehr nehmen als das Leben, und dieses wird uns ohnehin genommen. Dieser Gedanke gibt Freiheit, gibt geradezu frische Luft. Die Zwänge der vermeintlichen Bedürfnisse, die Karriere, die Statussymbole, die gesellschaftlichen Zwänge, sie werden mehr und mehr gleichgültig, und wir können zum Beispiel einfach sagen, was wir denken, rücksichtslos gegenüber den Konventionen oder Mächten, die es uns verbieten wollen.«

Bestelle dein Haus! Denn du wirst sterben!« Peter Noll ist einige Monate später gestorben. Hiskia aber, der König aus dem Alten Testament, er darf leben. Das Unerwartete geschieht: Sein Todesurteil wird aufgehoben. Hiskia wird wieder gesund. Ihm wird das Leben neu geschenkt. Er bekommt noch einmal 15 Jahre. 15 Jahre – das ist eine lange Zeit, doch zuletzt zerrinnt auch sie zwischen den Fingern. Auch 15 Jahre sind nur eine Frist. Keiner von uns weiß, wie lange seine eigene Frist noch sein wird. Doch mit jeder Stunde rückt die Grenze näher. Manchmal ist es wichtig, sich dies klarzumachen.

Doch meist leben wir so, als lebten wir ewig. Ewig heißt dann nichts anderes als »immer weiter«. Wir leben, wie wir Auto fahren: ein flüchtiger Blick in den Rückspiegel, aber die Augen immer auf der Straße, die vor uns liegt. Gewohnheitsmäßig planen wir: »Morgen werde ich dies tun«, »im Sommer werde ich dorthin verreisen«, »in 5 Jahren lasse ich mich pensionieren.« Doch Gewohnheiten machen blind. Auf einmal sehen wir die Grundverfassung unseres Lebens nicht mehr: Nicht einmal dem Augenblick können wir befehlen: »Verweile doch, du bist so schön!« – Nein, nichts läßt sich festhalten, und unser Leben haben wir schon überhaupt nicht in der Hand.

Aber – ist das so schlimm? Gott sei Dank bin ich nicht unsterblich! Gott sei Dank bin ich nicht unendlich! Um so kostbarer ist dieses Leben, das ich bekommen habe. Kein Tag, keine Zeit kehrt wieder. Aber darum hat jeder Tag dieses Lebens Wert und Gewicht. Vor mir waren Jahrmillionen, und auch nach mir werden wohl noch Jahrmillionen kommen – aber zwischendrin sind mir einige Augenblicke Leben gegönnt: jeden Tag 1440 Minuten. Das ist meistens mehr, als ich nutzen oder auch genießen kann.

»Bestelle dein Haus. Denn du wirst sterben!« Hiskia ist eines Tages doch gestorben. Peter Noll ist gestorben. Wir leben noch, aber eines Tages werden wir auch sterben. Wie, wo und woran – noch wissen wir es nicht. Ob wir bis zuletzt unseren Glauben behalten können – auch das wissen wir nicht. Aber wünschen wollen wir es uns, daß wir eines Tages sterben können in der Gewißheit, nach der Unruhe dieses Lebens im Tode heimzukehren in die Ruhe Gottes.

Hans-Martin Lübking

STADION-LITURGIE

Vor einiger Zeit war ich zusammen mit meinem Sohn bei einem Europacupspiel im Westfalenstadion in Dortmund. Wir erlebten ein spannendes Spiel, aber auch die Atmosphäre im ausverkauften Stadion begeisterte mich. Im Fernsehen bekommt man so etwas ja nicht mit: Die Sprechchöre der Fans, die versuchen, die eigene Mannschaft nach vorne zu treiben. Die lautstarken Gesänge, die gelungene Aktionen und Tore der Aktiven feiern. Die Pfeifkonzerte und die wütenden Ausbrüche einzelner, die sich gegen Fouls der Gegner und gegen (vermeintliche) Fehlentscheidungen von Schieds- und Linienrichtern richten. Ganz tiefe Gefühle kommen bei einer solchen Gelegenheit an die Oberfläche, da werden Worte nicht abgewogen und Urteile nicht erst überprüft, bevor sie ausgesprochen werden. Hier wird richtig »Dampf abgelassen«.

Mir fiel auf: Wie freundlich und fröhlich sich die Anhänger und Anhängerinnen beider Mannschaften nach dem Spiel begegneten. Gewiß ist das nach Fußballspielen nicht immer und überall so. Aber es ist möglich und auch verständlich: Wer die Möglichkeit hat, seinen Gefühlen freien Lauf zu lassen, wer Gelegenheit hat, sich richtig zu freuen und zu ärgern, der kann dann auch neu die anderen Menschen in den Blick nehmen, denen er oder sie begegnet.

Auf der Rückfahrt von Dortmund nach Hause dachte ich an unsere Gottesdienste: Auch da soll doch eigentlich Befreiung geschehen: daß ich das loswerde, was mich belastet und beschwert; daß ich getröstet werde und neuen Mut finde, mein Leben zu leben; daß ich Anstöße bekomme, auf andere zu-

zugehen; daß ich gestärkt werde, um neu anzufangen – mit mir, mit anderen, mit Gott. Aber mein Eindruck ist: Nur wenige werden befreit (ich schließe mich da selbst ein), und noch weniger sind der Meinung, daß im Gottesdienst Befreiung überhaupt geschehen könnte – sie kommen erst gar nicht.

In Psalm 13 lese ich: »*Herr, wie lange willst du mich so ganz vergessen? Wie lange verbirgst du dein Antlitz vor mir? Wie lange soll ich sorgen in meiner Seele und mich ängsten in meinem Herzen täglich? Wie lange soll sich mein Feind über mich erheben? Schaue doch und erhöre mich, Herr, mein Gott! Erleuchte meine Augen, daß ich nicht im Tode entschlafe, daß nicht mein Feind sich rühme, er sei meiner mächtig geworden, und meine Widersacher sich freuen, daß ich wanke.*«

Starke Worte. Anklagende Worte. Da ist nicht erst gefiltert worden: Kann ich das Gott so sagen? Ist Gott überhaupt verantwortlich? Ist meine Rede theologisch korrekt?

Da wird herausgeschrien, was auf der Seele lastet. Da wird »Dampf abgelassen«.

Vielleicht sind unsere Gottesdienste zu »richtig«, zu sehr vom Kopf bestimmt und zu wenig von dem, was uns auf der Seele liegt und auf den Magen drückt. Vielleicht ist auch unser persönliches Gebet zu sehr von Artigkeiten und bürgerlichen Umgangsformen bestimmt. Ich meine, wir können von der »Stadion-Liturgie« lernen. Und wir können auch vom Psalmisten lernen. Nachdem er seine Klage losgeworden ist, ist er befreit, Gottes Güte zu loben: »*Ich aber traue darauf, daß du so gnädig bist; mein Herz freut sich, daß du so gerne hilfst. Ich will dem Herrn singen, daß er so wohl an mir tut.*«

Hier entdecke ich geschenkte Lebendigkeit, wie ich sie mir wünsche. Sie nicht auch?

Matthias Gössling

STRANDWANDERUNG

Auf einer Jugendfreizeit in den USA: Jede Menge »action«, täglich ein neuer Programm-Höhepunkt, mehr Eindrücke, als man in der kurzen Zeit verarbeiten kann.

Irgendwann sind wir an der Küste. Für heute morgen steht »tidepooling« auf dem Programm. Wir hatten schon bei der Abreise in Deutschland darüber nachgedacht, was das wohl bedeuten könnte. Das einzige, was wir mit Sicherheit wußten: Es muß etwas mit Meerwasser zu tun haben.

Einige tippen auf Baden im Wellenbad. Ich war schon einmal »drüben« gewesen und konnte mich nicht erinnern, dort jemals ein Wellenbad gesehen zu haben.

Auf unsere Anfrage hin erklärt man, es handele sich um eine von einem Naturkundelehrer begleitete Strandwanderung bei Ebbe, also im Prinzip eine Wattwanderung ohne Watt. Die Begeisterung darüber hält sich in Grenzen.

Wir steigen aus dem Bus, klettern einen schmalen Pfad zwischen den Klippen herunter und finden uns auf dem steinigen Strand wieder. Die Ebbe hat zwischen schroffen roten Lavafelsen unzählige kleine Pfützen und Tümpel zurückgelassen.

»Paßt gut auf«, sagt der Naturkundelehrer, »überall, wo ihr die Algen liegen seht, ist es glatt.«

Vorsichtig tasten wir uns auf steinigem Untergrund voran. Manchmal geht es nur auf allen vieren. Um den ersten Tümpel bilden wir einen Kreis. Ohne große Erwartungen starren wir in das klare kalte Wasser. Algen und Steine. Bei näherem Hinsehen kleine Fische.

Der Lehrer kniet nieder, greift ohne Zögern zwischen die Wasserpflanzen (»iiihh!« kreischen einige Jugendliche), dreht

Steine um und bringt immer neue Dinge zum Vorschein: Krebse, Seeigel, Polypen, Seeanemonen, Krabben, Garnelen, Muscheln, und – als Höhepunkt – einen großen roten Seestern mit einem feinen Muster auf den »Zacken«. Uns wird erklärt, wie perfekt dieses verborgene Leben auf den Unterschied zwischen Ebbe und Flut eingerichtet ist.

Wir verteilen uns über den Strand. Allein oder zu zweit suchen wir Tümpel für Tümpel ab. Jede Pfütze entpuppt sich bei näherem Hinsehen als eine eigene kleine Wunderwelt. Ein weiterer Seestern wird entdeckt.

Wir haben uns an diesem Morgen wie Schatzsucher gefühlt – Schatzsucher allerdings, die nur betrachten, aber nichts mitnehmen dürfen. Denn das hatten uns die Ranger am Eingang zum Naturpark gleich gesagt: Es ist nicht erlaubt, Steine, Pflanzen oder Tiere vom Strand als »Souvenir« einzustecken.

Ich denke an den Menschen in der Bibel, der seinen ganzen Besitz hergibt, um den einen Acker zu kaufen, in dessen Erde er einen Schatz gefunden hatte (Matthäus 13,44 f.). Jesus sagt dazu sinngemäß: *»Das Himmelreich gleicht so einem Schatz, für den man alles hergeben würde.«*

Wir hätten an jenem Morgen vieles hergegeben, um nur ja nichts von diesem Eindruck zu verlieren oder zu vergessen. Die Sterne auf dem Strand sind ein Stück Himmel gewesen, für das es sich lohnte, einige Stunden Lebenszeit zu opfern.

Nichts ist teurer als diese Zeit, die wir hergeben, und nichts ist wertvoller als das Stück Himmel, das wir dafür bekommen.

Sterne auf dem Strand können der Himmel auf Erden sein. Wir sind nach jenem Morgen reicher als vorher weitergezogen, obwohl unsere Taschen leer waren.

Das Stück Himmel haben wir dagelassen – andere sollen es auch noch entdecken.

Klaus Johanning

TRAUER

Unsere Tochter Johanna ist 6 Jahre alt. Vor einigen Tagen fand sie folgenden Brief. Er steckte in unserem Briefkasten, und ihr Name stand darauf.

»Zum Tode von Nelson Preuß veranstalten wir am Samstag einen Trauerzug, der durch den ganzen Ort geht. Wir würden uns freuen, wenn ihr euch uns anschließen würdet. Wenn möglich mit schwarzen Sachen, weil es ja ein Trauerzug ist. Wir treffen uns um 14.00 Uhr. Es wäre nett, wenn ihr zwei Blumen mitbringen könntet. Zum Schluß umzäunen wir das Grab und legen Blumen darauf.
Viele Grüße
Daniela, Alexandra.«

Daniela und Alexandra sind Nachbarskinder. Etwas älter als Johanna. Nelson ist ihr Lieblingskaninchen. Es ist gestorben.

Am nächsten Tag setzt sich ein sonderbarer Trauerzug in Bewegung. Fünf Kinder mit ernsten Mienen. Fünf bis zehn Jahre alt, kleine Pappschilder in der Hand: »Wir trauern um Nelson!«

So ziehen sie los. Durch unsere Straße. Die Siedlung entlang. Bis zum Marktplatz. »Wir trauern um Nelson!«

Leute sprechen die Kinder an: Was ist denn mit euch los? Seid ihr traurig? Ist jemand gestorben? Ein älterer Herr ist so gerührt, daß er den Kindern fünf Mark schenkt – »für Trauersüßigkeiten...« Und die werden natürlich auch gekauft.

Irgendwann dann endet der Trauerzug der Kinder im Garten, und Nelson, das Kaninchen, wird beerdigt. Blumen schmücken das Grab. Die Kinder sind traurig und lutschen Süßigkeiten, Trauersüßigkeiten.

Am Abend erzählt mir Johanna von dem Trauerzug durch den Ort. Den Begegnungen. Dem Grab im Garten. Den Trauersüßigkeiten: »Die haben wir bekommen, weil wir wegen Nelson so traurig waren...«

Als Johanna eingeschlafen ist, geht mir ein verrückter Gedanke durch den Kopf: Ist nicht das, was die Theologen »Auferstehung« nennen, auch so eine »Trauersüßigkeit«? Sie macht erträglich, was wir im Moment nicht ertragen und tragen können.

Und schmeckt. Schmeckt nach mehr. Schmeckt nach Ostern – und den alten kraftvollen Gesängen.

»O Tod, wo ist dein Stachel nun?
Wo ist dein Sieg, o Hölle?
Was kann uns jetzt der Teufel tun,
wie grausam er sich stelle?
Gott sei gedankt, der uns den Sieg
so herrlich hat nach diesem Krieg
durch Jesus Christ gegeben.«

Ist das nicht ver-rückt? »Was nicht mehr gutgemacht werden kann, es wird noch gutgemacht.« So hat Helmut Gollwitzer einmal das Symbol der Auferstehung gedeutet. Das schmeckt nicht jedem.

Ich schließe die Augen und sehe, wie Alexandra, Daniela und Johanna mit ihren Schildern über den Marktplatz laufen. Ihre Traurigkeit zeigen. Dem älteren Herrn begegnen. Verstanden und beschenkt werden. Sich Trauersüßigkeiten kaufen. Glücklich.

Welch ein Geschenk! Welch ein Geschmack!
Nur für Kinder?
Leise schleiche ich aus dem Zimmer.

Fred Sobiech

TRENNUNG

*K*arin Moll ist Lehrerin, seit 12 Jahren verheiratet, zwei Kinder. Sie hat einen großen Bekanntenkreis: vom Studium her, Kolleginnen und Kollegen ihrer Schule, Bekannte aus den Gruppen, in denen sie mitarbeitet.

Ab und zu telefoniert sie abends mit ihrer besten Freundin: im selben Alter wie sie, gemeinsam studiert, einige Jahre an derselben Schule. Sie wissen viel voneinander, die Familien waren schon zusammen im Urlaub, für Karin Moll ist es wichtig, diese Freundin zu haben.

Eines Abends am Telefon: »Übrigens«, sagt ihre Freundin, »wir werden uns trennen.« Stille. Karin Moll kann gar nichts sagen. »Mit uns ging's so nicht weiter. Wir hatten uns in den letzten Jahren nicht mehr viel zu sagen. Gerd sieht das auch so. Es ist besser für uns beide.«

Das gibt's doch nicht! Karin Moll kann das gar nicht begreifen. Es war doch immer eine so gute Ehe. Man konnte überhaupt nicht merken, daß da etwas nicht stimmte.

An ihrer Schule: Gut, sie weiß, ein Drittel ihrer Kolleginnen und Kollegen ist geschieden. Unter ihren Bekannten: genauso. Aber ihre Freundin? Immer hat sie gedacht: die doch nicht! Warum hat sie denn nichts gesagt? Ich kann's noch gar nicht glauben.

Abends liegt sie noch lange wach und denkt nach: Wie war es denn bei uns selbst? Vor sechs Jahren waren wir auch fast so weit. Was uns damals zusammengehalten hat, das waren, wenn ich ehrlich bin, unsere Kinder, damals noch klein. Und es war gut, daß wir wieder angefangen haben, mehr miteinander zu reden.

Wenn Karin Moll an die ersten Jahre zurückdenkt, als sie alles anders machen wollten als ihre Eltern, alles zusammen machten, sich wortlos verstanden, Liebe ohne Ende – so ist es heute auch nicht mehr.

Jetzt müssen wir uns anstrengen, daß wir uns abends nicht anschweigen. Im Grunde ist jeder froh, daß er seine Arbeit hat und daß die Kinder da sind, die sorgen schon für Gesprächsstoff. Aber was ist, wenn die Kinder einmal aus dem Hause gehen? Was ist, wenn einer von uns krank wird oder wenn Rolf jemand anderen findet?

Dafür garantieren, daß wir in 10 oder 15 Jahren noch zusammen sind, kann ich nicht.

»Was Gott zusammengefügt hat, soll der Mensch nicht scheiden«, sagt Jesus im Markusevangelium. Leicht gesagt – noch dazu von jemandem, der nicht verheiratet war, der vielleicht nicht einmal eine Frau geliebt hat, der sich wahrscheinlich gar nicht vorstellen konnte, wie schwierig das oft ist in einer Ehe – und dann ein Leben lang.

Liebe ohne Ende? Schön wär's. Doch nur zu oft scheint Rilke recht zu behalten: »So wie ein Traum scheint's zu beginnen, und wie ein Schicksal hört es auf.«

Ehen können kaputtgehen, und Liebe kann in Haß umschlagen. Dann kann es nicht Gottes Wille sein, daß zwei Menschen in ihrem gegenseitigen Haß bis zuletzt beieinander bleiben müssen.

Es ist auch eine Ohnmachtserfahrung: zu erleben, wie wir die Liebe ohne Ende oft nicht festhalten können. Schuldig werden, Zärtlichkeit verlernen, in Kränkungs-Rituale verstrickt sein – und nicht mehr herausfinden.

Und auch das ist eine Ohnmachtserfahrung: zu sehen, daß wir die Ehen nicht stützen können, an denen wir als Freunde beteiligt sind. Sich nicht einmischen können, wenn wir merken, daß es in der Ehe von Freunden kriselt.

Ach, welches Elend, daß wir Menschen so selten offen und ehrlich zueinander sind, soviel aneinander vorbeireden, uns gegenseitig im Stich lassen und so wenig hilfreich sind, wenn andere Hilfe brauchen!

Hans-Martin Lübking

TROST

»Nun sag mal, wie du heißt. Eure Namen behalte ich erst im Kopf, wenn ihr längere Zeit zur Schule gegangen seid. Aber jetzt ist es gerade mal der zweite Schultag für euch ›I-Dötzchen‹, und immerhin sind sechzig neue Kinder gekommen. Da kann ich deinen Namen noch nicht wissen.«

Die Schulsekretärin sagt das sehr freundlich zu dem Sechsjährigen, der ganz leise die Tür zum Sekretariat der Margareten-Grundschule geöffnet hatte und nun stumm und mit großen, fragenden Augen im Raum steht. Er ist verunsichert und hat vielleicht sogar ein wenig Angst in dieser fremden Umgebung mit den vielen neuen Kinder- und Erwachsenengesichtern.

»Oliver Beckmann«, sagt er. Und im selben Augenblick, als die Sekretärin gerade noch fragen kann: »Und was möchtest du von mir, Oliver?«, da versagt ihm die Stimme, und er weint ganz heftig los. Dicke Tränen kullern ihm die Wangen herab, und er schluchzt.

»Heimweh hast du und Angst!« sagt die Sekretärin teilnahmsvoll.

Sie hat die Situation, in der Oliver steckt, sofort richtig eingeschätzt. In den ersten Schultagen kommt es nicht selten vor, daß ein Mädchen oder ein Junge aus der Klasse 1 zu irgendeinem Erwachsenen der Schule geht und um Hilfe bittet. Meistens haben die Kleinen Angst vor der Fremdheit der Menschen und Dinge in der neuen Umgebung, in der sie nun für mindestens vier Jahre bleiben müssen. Aber manchmal wird auch das Gefühl des Alleinseins, der Trennung von zu Hause für einige zu stark. Da ist es gleichgültig, ob man nur einige hundert Meter von zu Hause entfernt ist oder ganz weit weg auf einer einsamen Insel in der Südsee. Das Gefühl, allein zu sein, kann in beiden Fällen gleich stark sein.

Die Schulsekretärin weiß das natürlich und fängt erst gar nicht an mit einer sinnlosen Erwachsenenlogik. Wenn sie jetzt sagen würde, er solle sich nicht so anstellen, er sei ja heute mittag schon wieder zu Hause; oder würde sie ihn mit der geographischen Tatsache konfrontieren, daß er mal gerade fünfhundert Meter Luftlinie von der Margaretenschule entfernt wohne – dann wäre dem Oliver und den anderen Kindern nicht geholfen. Und bei ihr würde der Oliver später nur noch »dienstlich« im Schulsekretariat erscheinen. Statt dessen öffnet sie ihre Handtasche, nimmt ein Taschentuch heraus, geht vor Oliver in die Hocke, legt ihm eine Hand auf die Schulter und trocknet mit dem Taschentuch die Tränen ab. Sie sagt nichts. Aber Oliver spürt die Hand und weiß, daß diese Frau es gut meint. Kein therapeutischer Kommentar. Kein verbalisiertes Verständnis.

Als Oliver zu Ende geweint hat, ruft er mit der Sekretärin zusammen bei sich zu Hause an. Nachdem er sich vergewissert hat, daß »alles in Ordnung« ist, geht er wieder in die Pause.

Eine Mutter, die eine Stunde später in das Schulsekretariat kommt, erfüllt den Raum mit dem Duft eines teuren Parfums. Sie ist elegant gekleidet, und den Brillantring an ihrer rechten Hand könnte die Schulsekretärin mit etwa zehn Gehältern ihrer Halbtagsstelle bezahlen.

Die Mutter macht einen selbstsicheren Eindruck und ist nicht »sprachlos« wie der kleine Oliver, der vor einer Stunde gekommen war. »Ich bin die Mutter von Janine Berger aus der Klasse 1b.«

»Guten Tag, ich bin hier die Schulsekretärin. Kann ich Ihnen weiterhelfen?«

Es ist so, als hätte diese »Allerweltsfrage« etwas Dramatisches ausgelöst bei Janines Mutter. Ihre Selbstsicherheit ist schlagartig von ihr genommen. Die elegante Kleidung wirkt fremd an ihr, der Duft nur noch aufdringlich und der teure Ring deplaziert an der Hand, die jetzt ein wenig zittert. Das dezente Make-up kann nicht verdecken, daß Frau Bergers Gesicht stark gerötet ist. Sie beißt sich auf die Unterlippe und sagt nichts. Sie gibt keine Antwort auf die »Allerweltsfrage«.

Die Sekretärin fragt noch einmal: »Kann ich Ihnen weiterhelfen?«

Und dann fließen zum zweiten Mal Tränen an diesem Schulmorgen. Frau Berger weint. Und dann erhält auch sie ein Taschentuch aus der Handtasche der Sekretärin, die sich aber dieses Mal nicht in die Hocke begeben muß, weil Frau Berger etwa gleich groß ist wie sie. Auch ihr legt sie die Hand auf die Schulter, auch ihr gibt sie keinen therapeutischen Kommentar.

Als Janines Mutter zu Ende geweint hat, kann sie sagen, daß sie einen »Antrag auf Lehrmittelfreiheit« haben möchte, der für Sozialhilfeempfänger gedacht ist, die kein Geld haben, um die Schulbücher ihrer Kinder bezahlen zu können. Es war ihr sehr schwergefallen, den Antrag zu verlangen.

Vor einigen Wochen hatte sie sich von ihrem Mann getrennt, war aus dem gemeinsamen Haus ausgezogen und hatte sich eine eigene Wohnung gemietet. Die Tochter Janine war mitgekommen. Ihr Mann hatte es aber verstanden, ihr alle Einkünfte zu sperren, und dank der Hilfe seines guten Rechtsanwaltes waren die Aussichten schlecht für die Frau, bald an Gelder zu kommen. Sie war jetzt auf die Sozialhilfe angewiesen, zumindest so lange, bis sie Arbeit gefunden hatte. Das konnte dauern.

So ist ihr »Outfit« zwar noch das einer gutsituierten Ehefrau, aber ihr wahrer materieller Status ist der einer Sozialhilfeempfängerin. Ihr Selbstbild ist diesem Zustandswechsel noch nicht angepaßt. Und die Anpassung fällt ihr schwer.

Die Sekretärin holt einen »Antrag auf Lehrmittelfreiheit«, legt ihn auf den Tisch im Sekretariat und bittet die Mutter, Platz zu nehmen.

»Kommen Sie«, sagt die Sekretärin – sie ist übrigens die am schlechtesten bezahlte Erwachsene der ganzen Schule –, »wir füllen den Antrag gemeinsam aus. Ich helfe Ihnen. Es geht ganz schnell. Sie werden sehen, daß Sie alles schaffen.«

Werner Kropp

UNFALL

*I*ch bin mit dem Auto dienstlich unterwegs. Im Radio spricht mein Lieblingsmoderator, ich habe gut gefrühstückt, die Sonne scheint, es geht durch eine schöne Landschaft.

Da ... plötzlich: Polizei! Die Straße ist gesperrt. Ein Polizist hält die Autos an. Wir werden auf eine Nebenstrecke gelotst. So ein Schreck! Was mag da bloß passiert sein?!

Schon höre ich das Geräusch eines Hubschraubers. Das wird der Rettungshubschrauber sein. Durch die Bäume kann ich auf die Hauptstraße sehen: Blaulicht, Notarztwagen, ein Auto liegt auf dem Kopf, völlig zertrümmert.

Mir werden die Knie weich. Unwillkürlich trete ich auf die Bremse und fahre langsamer.

Da ist auch einer morgens von zu Hause weggefahren – doch abends kommt er nicht wieder. Mir schießt durch den Kopf: Das könnte ich auch sein! Fährst morgens aus dem Haus und siehst deine Familie nicht wieder. Denkst an nichts Böses, und mit einem Mal kommt dir in der Kurve ein Auto entgegen. Alpträume!

Für einen Moment wird mir klar, wie dünn das Eis ist, auf dem ich mich sonst ganz selbstverständlich bewege. Wie zerbrechlich sind die Selbstverständlichkeiten des Alltags! Du kannst dich jahrelang, jahrzehntelang darüber hinwegtäuschen – aber mit einem Mal sind alle Illusionen zerstört: Du erlebst, wie bedroht menschliches Leben ist – immer ist!

Die Lebensrisiken sind nicht geringer geworden, doch wir haben sie erfolgreicher verdrängt.

Den Tod kriegen wir nicht mehr zu Gesicht, man stirbt heute im Krankenhaus. Die Lebenserwartung liegt heute nicht mehr bei 35 oder 40 Jahren, sondern bei mehr als 70 Jahren. Doch wenn einer mit 70 stirbt, empfinden wir das als zu früh. Mit den Fortschritten der Medizin ist auch der Anspruch auf Gesundheit gewachsen – wie auf ein mir zustehendes Recht. Wehe, wenn ein Arzt, was doch nur menschlich ist, mal einen Fehler macht!

Leben ohne Risiko – das ist der Traum. Alle Risiken ausschalten, gentechnologisch alle Fehler der Natur beseitigen, schon das ungeborene Kind pränatal auf Krankheiten und Störungen hin untersuchen – und dann wird das Kind geboren und ist behindert. Welch ein Drama! Konnten die Eltern nicht besser aufpassen?

Das Leben ohne Fehler, das Leben ohne Risiko – ein Traum, der nicht aufgeht. Wir haben viele Lebensrisiken verdrängt, aber sie sind nicht geringer geworden.

Die Menschen waren früher nicht so mobil, dafür gab es aber auch nicht jährlich ein paar hunderttausend Unfälle – mit Toten und Verletzten. Seuchen und Epidemien haben in unseren Breiten ihren Schrecken verloren, aber so viele Selbstmorde und soviel Einsamkeit wie heute kannte man früher nicht.

Bei vielen Besuchen im Krankenhaus und bei Trauerfamilien hat sich mir als unwiderrufliche Einsicht eingeprägt: Menschliches Leben ist begrenztes Leben, ist jederzeit bedrohtes Leben.

Ich kann jahrelang Tag für Tag ohne größere Komplikationen leben, doch irgendwann werde ich die Erfahrung machen: »Ich habe mein Leben gar nicht selbst in der Hand!« Diese Erfahrung bleibt keinem erspart, der eine macht sie früher, der andere später.

Wie werde ich damit fertig?

Wahrscheinlich entwickelt jeder im Laufe der Zeit seine eigene Strategie, um sich auf die Bedrohungen des Lebens einzustellen. Eine, vielleicht die häufigste, heißt: »Nur nicht daran denken! Wenn es kommt, dann kann ich nichts daran ändern. Aber jetzt will ich mich nicht damit belasten.«

Oder es heißt: »Keiner kann seinem Schicksal entgehen. Es kommt, wie es kommen muß. Jedem ist sein Weg vorgezeichnet.« Das ist Schicksalsglaube, der unter uns verbreiteter ist, als man denkt.

Und der christliche Glaube? Irgend etwas muß man doch haben, woran man sich halten kann. Doch auch der christliche Glaube ist keine Lebensversicherung.

Auch als Christ habe ich keine Garantie, von Unfällen und Krisen verschont zu werden. Gerade mein Glaube sagt mir illusionslos, wie es um menschliches Leben bestellt ist: *»Ein Mensch ist in seinem Leben wie Gras«*, heißt es im 103. Psalm, *»er blüht wie eine Blume auf dem Felde, wenn der Wind darüber geht, so ist sie nimmer da, und ihre Stätte kennet sie nicht mehr.«*

Das ist das Erstaunliche an der Bibel: Hier wird über nichts hinweggesehen. Die Dinge werden beim Namen genannt. Von Erde genommen und wieder zu Erde werdend. Und doch spricht die Bibel im selben Atemzug auch von Hoffnung und Zuversicht für diesen hinfälligen und gefährdeten Menschen. Ebenfalls im 103. Psalm, unmittelbar vor den genannten Versen, heißt es: *»Wie sich ein Vater über Kinder erbarmt, so erbarmt sich der Herr über die, die ihn fürchten.«* Vater und Kinder, Gott und seine Geschöpfe. Wir sind nicht nur Gras auf dem Feld, sondern auch Geschöpfe eines Gottes, der es gut mit uns meint. Bedrohtes, begrenztes, aber auch geschenktes und über den Abgründen gehaltenes Leben. Das macht gelassen: In aller Bedrohtheit kannst du dem Einen vertrauen, der dich hält; den du anrufen kannst und der dich hört; der versprochen hat, dich nicht fallenzulassen; der in der Not bei dir ist und dich herausreißt.

Hans-Martin Lübking

UNRUHE

»Unruhig ist unser Herz...«

Die Geschäftigkeit des modernen Menschen hat der Kirchenvater Augustin nicht gekannt. Die »Managerkrankheit« ist für ihn kein Thema; aber Augustin wußte von der Unruhe des Herzens. Er wußte davon, daß Menschen innerlich nicht zur Ruhe finden.

Hier und dort engagiert sein, jede sich bietende Chance wahrnehmen, nur nichts versäumen, in die Hetze fliehen; denn die Ruhe könnte ja Gefahren bergen. Ich könnte zur Besinnung kommen, zur Besinnung über mich selbst, und ich könnte bemerken: Da sieht dann alles so leer aus, so traurig, so ausgebrannt. Konnte ich in meiner Betriebsamkeit noch denken – mir vormachen: »Ich bin wer!«, so vergeht mir das, wenn ich einmal zu mir komme. Und weil ich das weiß – oder besser, weil ich das wußte und verdrängt habe –, ist ein Leben ohne Pausen die einzige Rettung. Auf der Flucht vor mir selbst jage ich dem vermeintlichen Leben nach und verliere es dabei. »Du Narr...«

Keine Zeit! Dieser Ausruf sollte für uns ein Signal sein. Oder liegt nicht der Gedanke nah, daß der Protest der Jugendlichen gegen das »Establishment« an dieser Stelle seine Wurzeln hat? Daß junge Menschen gerade dieses Leben nicht wollen, das ihnen in der Welt der Reklame und des Fortschrittes, des Konsums bis zum Exzeß vorgegaukelt wird? Daß Kinder an den Wertmaßstäben einer Generation irre werden, die ihnen ein solches Leben predigt?

Ist es verwunderlich, daß Jugendsekten und fernöstliche Kulte einen solchen Zulauf haben? Da wird doch gerade Gemeinschaft, Meditation, Spiel und Zeitausleben geübt. Nur werden die jungen Menschen, die nun meinen, sie hätten einen Ausweg gefunden, in neue Abhängigkeiten gebracht. Sie haben ihrer Sehnsucht damit ihre Freiheit geopfert. Und so ist die Ruhe, die sie suchten, doch nicht erreicht.

»Unruhig ist unser Herz...« Der Satz des Augustin bewahrheitet sich. Er lautet vollständig: »Unruhig ist unser Herz, bis es Ruhe findet in dir!« Der Satz ist ein Gebet. Im Wissen darum, daß wir keine Ruhe finden können, wendet sich Augustin an Gott. Das bedeutet nun keine Resignation im Blick auf unsere Zeit in dieser Welt, so als fände die Seele erst Ruhe in einer jenseitigen, himmlischen Welt, sondern meint: Ruhe ist nur zu finden in einer Beziehung zu Gott.

Ich brauche mich nicht abzuhetzen, um Anerkennung zu finden, denn ich weiß um das »Ja« Gottes zu meinem Leben. Ich gewinne Zeit, wenn ich mir Zeit nehme für das Zusammensein mit anderen, für den Besuch bei Einsamen, für den Brief an den entfernten Kranken. Ich gewinne Zeit, weil nicht mehr die Sorge um möglichen Zeitverlust mein Leben diktiert, sondern weil ich die Zeit für mich nutze. Weil ich nicht mehr Angst habe, ich würde etwas verpassen, gewinne ich Zeit. Ruhig werden in der Geborgenheit der Liebe Gottes. Vielleicht ist das unsere Sehnsucht. Vielleicht suchen wir innerlich diese Ruhe. Der Mann, von dem das Lied singt: »Ach sucht doch den, laßt alles stehn«, hat gesagt: »Kommt her zu mir alle!«

Detlef Holinski

VERGEWALTIGUNG

*L*iebe Tamar,
ich möchte Dir einen Brief schreiben, weil mich sehr bewegt, was Du erlebt hast. Die Geschichte ist fast unglaublich, aber doch wahr, die Du erleben mußtest. Du als junges Mädchen und vier Männer.

Einer von ihnen vergewaltigte Dich, und ein anderer heckte den Plan aus. Trotz Deiner Klugheit konntest Du es nicht verhindern. Der dritte spielte das Spiel arglos und blauäugig mit und brachte den Stein ins Rollen. Der vierte brachte Dich dann zum Schweigen. Er ist jetzt der einzige, der Dich bei sich aufnimmt; aber auch das ändert Dein Schicksal der lebenslangen Ächtung und Einsamkeit nicht. Wie mußt Du Dir ausgeliefert vorgekommen sein, Tamar. Und niemand war da, die Dir zur Seite hätte stehen können: keine Mutter, keine Schwester, keine Freundin.*

Niemand ist da, die Dich nur annähernd verstehen kann. Wo bleibst Du nun mit Deiner Wut, Deiner Verzweiflung und Hilflosigkeit?

Wie kannst Du nur mit dem Gefühl leben, daß man mit Dir umgegangen ist wie mit einer Puppe, einer Sache, die man nach dem Gebrauch achtlos beiseite wirft?

Von all dem, was bei Dir an Verletzungen geblieben ist, erzählt die Geschichte nichts.

Als ob es nur um Macht und Thronnachfolge ginge und Du dabei nur eine Nebenrolle für die anderen auf deren Weg zum Ziel spielst.

Ob Du Dich gewehrt hast, davon sollen wir nichts wissen, das wird verschwiegen. Es paßt ja auch nicht in die Rechtfertigung bestehender Verhältnisse von Macht und Gewalt. Du spürst, ich werde zornig.

Ich möchte Dir jedoch auch mitteilen, was mich wundert an Deiner Geschichte: Du wirst, bei all dem, was Du hinnehmen mußtest, nicht auch dafür verantwortlich gemacht. Bis vor gar nicht langer Zeit galt immer die Frau als Verführerin des Mannes; selbst wenn es sich um ein achtjähriges Mädchen handelte.

Noch etwas erstaunt mich: Sonst heißt es, so etwas komme in gebildeten Kreisen nicht vor. Und nun Du! Du erlebst sehr realistisch, daß List und Gewalt, männliche Kumpanei und Feigheit, Begierde auf die Frau und Haß auf sie in den besten Familien vorkommen.

Noch etwas, was mich irritiert und unsicher sein läßt: Du hast in Deiner ausweglosen Situation Gott nicht angerufen, nicht seine Hilfe erfleht.

Hast Du in all dem Schrecklichen nur seine Ferne gespürt?

Oder konntest Du dem Gott Deiner Väter nicht mehr trauen, so wenig wie Du – mit Recht – Deinem Vater hast trauen können?

Ob Du jemals dem Väterlichen in einem Mann wieder wirst trauen können?

Tamar – viele von Dir und nach Dir haben ein ähnliches Schicksal erfahren. Du hast immerhin noch einen Namen: Tamar. Anders als die vielen Namenlosen. Sie werden oft nur beschrieben als Tochter von..., als Frau von..., als Sohn von...

Der Macht warst Du ausgeliefert – ohnmächtig; wie heute Frauen ihren Männern, wie Kinder ihren Eltern und wie viele, die hilflos zusehen – weil sie nicht wissen, wie sie helfen können. Tamar, bei all dem, was mich an Deiner Geschichte wütend, hilflos und zur Fragenden macht – und bei dem, daß ich weiß, daß Du damals keine Hilfe erfahren hast, daß Dir Deine eigene Stimme genommen wurde –, heute habe ich

Hoffnung, beim Namen zu nennen, was um Gottes willen nicht verschwiegen werden darf.

Deine Elke

Elke Hadler

* Brief an Tamar (2. Samuel 13,1-22)

VIERZIG

Kein Zweifel, unser Leben ist geprägt durch feste Zeiten und besondere Tage. Aus dem Alltag herausragend: Geburtstag, Hochzeitstag ... oder auch: Weihnachten, Ostern, Pfingsten. Immer verbunden mit bestimmten Jubiläumszahlen (10, 25, 50 etc.) oder Kalenderdaten.

In der Bibel ist 40 eine »heilige« Zahl, eigentlich unserem Feierrhythmus fremd – bestenfalls noch in den 40 Tagen Fastenzeit von Aschermittwoch bis Ostern präsent (ohne die Sonntage; die werden nicht mitgezählt, denn sie gehören Gott). Auch die 40 Tage vor Weihnachten waren früher Buß- oder Fastenzeit (wieder ohne die Sonntage) – beginnend am »Martinstag«: Nur noch der offizielle und lediglich an diesem Tag stattfindende Karnevalsanfang um 11 Uhr 11 und sein Ausklang am Aschermittwoch erinnern fast unmerklich an die Verbindung von Advents- und Passionszeit.

40 Tage also! Warum gerade 40?

Nun, in den alten Religionen – auch in der Bibel – und heute noch in den Ländern des Orients haben Zahlen eine Bedeutung: Sie erzählen sozusagen Geschichten, lassen Erinnerungen wieder wach werden (wie bei uns z.B. die Silberhochzeit oder »runde« Geburtstage). So können Zahlen »erzählen«; diese Wortverwandtschaft fällt einem sonst kaum auf.

40 – diese Zahl taucht in der Bibel mehrmals auf, immer verbunden mit wichtigen und entscheidenden Ereignissen: 40 Tage dauerte die Sintflut. 40 Tage fasteten die Bewohner von Ninive, um Gott gnädig zu stimmen. 40 Jahre war das Volk Israel in der Wüste. 40 Jahre lang regierten jeweils David und

Salomo. 40 Tage blieb Jesus nach seiner Taufe allein in der Wüste, und 40 Tage lang erschien er dann nach seiner Auferstehung den Jüngern und anderen Menschen – es ist die Zeitspanne von Ostern bis Himmelfahrt...

Aber warum gerade diese Zahl 40? Sie paßt eigentlich gar nicht in den Rhythmus der Natur wie die 7 oder die 12 als Zeichen für Tage und Monate. Und trotzdem wurde sie zu einer »heiligen« Zahl – warum?

Nun: 40 ist die Zahl, die alles umspannt – Zeit und Raum, Gott und Mensch, Himmel und Erde – einfach alles... 4 x 10 = 40 – darum geht es, das ist der Schlüssel zum Verstehen: »4« ist das Zeichen unserer Welt, der Schöpfung: 4 Himmelsrichtungen, 4 Jahreszeiten, die alten 4 lebenswichtigen Elemente »Feuer, Wasser, Erde, Luft«. So ist 4 die Zahl der begrenzten Zeit und Welt des Menschen – irdisch, diesseitig, endlich. Mit einer Ausnahme: Auch Gott schimmert in dieser Zahl durch – im vierstrahligen Kreuz, die Grenzen unserer menschlichen Welt und Zeit durchbrechend, ja aufbrechend zur Ewigkeit hin.

Dann die »10« – eine runde Zahl, ein Ganzes, Vollständiges bildend: wie die 10 Finger, die 10 Gebote. Wichtiger jedoch ist etwas anderes. 10 – das ist auch die Summe der ersten 4 Zahlen (1 + 2 + 3 + 4) mit ihren je verschiedenen Bedeutungen.

»1« ist seit altersher das Zeichen für Gott, für Vollkommenheit – die Zahl, die in allen anderen enthalten ist.

»2« ist das Zeichen der Teilung, der Trennung, des Gegensatzes: Gut und Böse, Leben und Tod, Licht und Finsternis, Liebe und Haß – und damit die Zahl des Menschen und seiner Welt.

»3« schließlich ist das Zeichen der Überwindung all dessen: 3 Tage vom Kreuz zur Auferstehung, vom Tod zum Leben; dreieiniger Gott – Vater, Sohn und Heiliger Geist.

»4« – das haben wir schon gehört: Jahreszeiten, Himmelsrichtungen und das Kreuz.

Das Kreuz als Symbol, als Zeichen – ganz besonders in den Tagen von Aschermittwoch bis Ostern. – In der Zahl 40 steckt mehr, als wir manchmal ahnen: 40 Tage Passionszeit – das Kreuz will uns an die Leidensgeschichte Jesu erinnern und damit an Gottes Barmherzigkeit. 40 Tage Fastenzeit – Erinnerung daran, daß jenes Kreuz etwas mit uns Menschen zu tun hat; mit unserem Leben, unseren Sorgen und Nöten, mit unserer Geschichte, unserer Welt und unserer Zeit. Diese Tage »zählen«, so oder so.

Joachim Schulte

WARUM?

Ein 14jähriger Junge fährt mit dem Fahrrad zum Fußballtraining. Es ist Winter, und die Straßen sind glatt. Er fährt vorschriftsmäßig auf dem Radweg. Ein entgegenkommendes Auto gerät ins Schleudern, kommt von der Fahrbahn ab und erfaßt den Jungen. Er stirbt noch an der Unfallstelle. Für die Eltern bricht die Welt zusammen. Verstört wiederholen sie immer nur eine Frage: »Warum?«

Eine Frau hat bis zu ihrem 60. Geburtstag gearbeitet. Sie freut sich auf ihre Zeit als Rentnerin. Sie hat Pläne, sie will reisen, sie will nachholen, was sie alles aufgeschoben hat. Da trifft sie ein schwerer Schlaganfall. Sie ist halbseitig gelähmt und auf den Rollstuhl angewiesen. »Warum?« fragt sie. »Womit habe ich das verdient?«

»Warum?« – »Wie kann Gott das zulassen?« Fragen, die wir nicht loswerden, solange wir leben. Warum nehmen sich bei uns so viele Jugendliche das Leben, und wie kann Gott es zulassen, daß in Afrika Hunderttausende vor Hunger sterben? Warum? Wozu?

Über solchen Fragen kann einem der Glaube zerbrechen. Katastrophen, Unglücksfälle, frühzeitiger Tod – wie paßt das zu Gott, von dem es doch heißt, daß er allmächtig ist und das Gute will?

In der Bibel wird von Hiob erzählt, über den das Unglück hereinbricht. Er erhält eine Hiobsbotschaft nach der anderen: Das Vieh wird ihm gestohlen, seine Knechte erschlagen, die eigenen Kinder kommen um. Und am Ende wird auch er noch mit einer furchtbaren Krankheit geschlagen. Damit ist Hiob ganz unten. Mehr an Leid geht nicht. Aber in seinem

Leid bleibt Hiob nicht allein. Seine drei Freunde kommen zu ihm. In der Bibel heißt es: »*Sie waren eins geworden, hinzugehen, um ihn zu beklagen und zu trösten ... und sie saßen mit ihm auf der Erde sieben Tage und sieben Nächte und redeten nichts mit ihm.*«

Angesichts unerklärlichen Leides gemeinsam zu schweigen ist besser, als fromme Erklärungen abzugeben. Fromme Erklärungen – die liefern die Freunde später noch nach. Und auch wir kennen sie: »Ohne Grund trifft es keinen« oder: »Wen Gott liebt, den prüft er« oder: »Gott wird schon wissen, wozu das gut ist« oder auch nur: »Zeit heilt alle Wunden.«

Gerade die frommen Erklärungen sind oft die tödlichen. Da ist Schweigen besser. Aber irgendwann reicht auch das Schweigen nicht weiter. Wir brauchen auch eine Antwort.

Welche Erklärung gibt es für die Menschen im Iran, die bei der Flutkatastrophe ihre Angehörigen verloren haben? Wer kann in dem Bombenanschlag von New York einen Sinn erkennen?

Hüten sollten wir uns, alles, was geschieht und was uns widerfährt, auf Gott zurückzuführen.

Glauben wir denn, Gott ließe Flugzeuge abstürzen und Züge entgleisen, Gott verseuchte die Erde und breitete die Aids-Krankheit aus, Gott kippte den Weizen ins Meer und vernichtete die Butterberge?

Wir nennen Gott »allmächtig«, aber ich habe den Verdacht, daß wir ihm damit nur den »Schwarzen Peter« zuschieben wollen – für alles, was auf dieser Welt nicht in Ordnung ist.

Warum lassen wir es denn zu, daß Autofahrer mit 200 über die Autobahn und mit 100 durch die Städte rasen? Wissen wir nicht, welches Risiko mit dem immer stärkeren Luftverkehr verbunden ist? Warum bauen Menschen ausgerechnet dort ihre Häuser und Städte wieder auf, wo schon seit Tausenden von Jahren die Erde bebt?

Warum? Wozu? Mehr noch als an Gott müßten wir diese Frage an uns selbst richten.

Doch ich glaube, wenn wir selbst betroffen sind, wenn wir das Unglück am eigenen Leibe erfahren, sind wir vermutlich an solchen Unterscheidungen nicht mehr interessiert. In einer solchen Situation helfen uns keine Erklärungen, keine Theorien, warum es gerade so und nicht anders abgelaufen ist. Sinnloses Leid, egal, wer es verursacht hat, läßt sich nicht theoretisch verstehen, sondern nur praktisch bestehen.

Wir sehen, der Glaube gibt uns nicht Antwort auf alle Fragen. Wir wissen nicht, warum manche Menschen länger leben müssen, als sie möchten, andere aber sterben müssen, noch ehe ihr Leben richtig begonnen hat. Und wir wissen erst recht nicht, wie sich die Rätsel und Schrecken der Welt mit der Liebe Gottes vereinen lassen.

Man kann schon verstehen, wenn einer sagt: »Wenn ich das sinnlose Leid in dieser Welt sehe, kann ich nicht glauben, daß es einen Gott gibt.« Aber dieser Satz läßt sich auch umdrehen – und dann leuchtet er mir noch mehr ein: »Nur wenn es einen Gott gibt, kann man das unendliche Leid in der Welt überhaupt aushalten!«

Es gibt eine Hand, die sich mir auch über den dunklen Abgrund hinweg entgegenstreckt. Sie zaubert das Leid nicht weg, aber sie läßt mich darin auch nicht umkommen.

Wenn es so ist, kann ich es vielleicht auch aushalten, mit ungelösten Fragen zu leben – und zugleich die Lebensmöglichkeiten ergreifen, die Gott mir – auch in Krisen – eröffnet.

Hans-Martin Lübking

WEIHNACHTSBAUM

Advent/Weihnachten – eine Zeit mit zwiespältigen Gefühlen: Sehnsucht nach Geborgenheit menschlicher Wärme, nach so etwas wie Frieden. Dazwischen aber auch die harte Wirklichkeit, die uns immer wieder einholt. Die Ecken und Kanten, an denen wir uns reiben, sind gerade jetzt besonders spürbar.

Trotzdem ist da etwas von Freude, von Vor-Freude ebenfalls spürbar: Wir sehen, hören, schmecken und riechen geradezu, was das jetzt für eine Zeit ist. Denn »Weihnachten« lebt von vielen alten Bräuchen – und damit von Erinnerungen, die hochkommen – aus längst vergangenen Kindheitstagen; aus Zeiten, die anders waren als heute.

Manches hat sich verändert, viele Bräuche sind geblieben, auch wenn ihr ursprünglicher Sinn nur noch wenig berührt. *Ein* Zeichen, ein Symbol, ein Weihnachtsbrauch hat sich gehalten, ja sogar weltweit verstärkt: der Weihnachtsbaum.

Wenn wir den »Weihnachtsbaum« so sehen – vor uns aufgebaut, ausgerichtet und nachher im warmen Schein der Kerzen –, dann ist uns gar nicht mehr bewußt, was für »widerspenstige« Bäume solche Fichten oder Tannen eigentlich sind: Jeder Laubwald läßt am Boden ein vielfältiges Leben zu – aber im Nadelwald, da wird kein fremdes »Pflänzchen« geduldet. Mühselig ist es, mitten durch so einen Wald zu gehen: Zurückschnellende Äste treffen einen ins Gesicht, es pikt empfindlich an allen Ecken und Kanten – und für einen ausgewachsenen Tannenbaum braucht man schon Handschuhe, um ihn überhaupt zu transportieren und aufzustellen.

Steht er aber erst am rechten Platz – geschmückt mit Lichtern, vielleicht auch bunten Kugeln oder anderem Zierat –, ja, dann ist all das Widerspenstige, Lebensfeindliche, Mühevolle seines gewöhnliches Standortes vergessen. Eingehüllt im Kerzenschein, spüren wir Freundlichkeit und Wärme. Wir können uns drumherum versammeln, miteinander feiern, uns öffnen füreinander – und für diese ganz seltsame Stimmung von Frieden, Hoffnung, ja vielleicht von so etwas wie »Liebe«.

So ist der Weihnachtsbaum in sich selbst ein Zeichen, ein Symbol für unser oft so zwiespältiges Leben – so, wie es gewöhnlich ist – und so, wie es sein könnte, ja sollte!

Ich sehe da auch uns selbst manchmal wie einen widerspenstigen Nadelwald, fremde Pflänzchen nicht duldend – oder nur widerwillig – sozusagen in einer Schonung oder Lichtung, jedenfalls im abgegrenzten Revier.

Auf den ersten Blick mag einem da das Asylantenheim hier in der Nähe einfallen; aber ich denke auch an manche »einheimische« Pflänzchen, denen solch ein dunkler Wald unwirtschaftlich, lebensfeindlich vorkommen muß. Wo es an allen Ecken pikt, manchmal sogar die Äste ins Gesicht schlagen: Berührung und Nähe sind schwierig – ja, manchmal nur mit »Handschuhen« möglich.

Ein ursprünglicher Mischwald mit allen möglichen Bäumen und Pflanzen ist dagegen direkt eine Erholung, ja ausgesprochen lebendig.

Aber dann sind da plötzlich – nein, eigentlich immer wieder, jedes Jahr, verläßlich auch in schwierigen Zeiten – diese Weihnachtsbäume, diese einzelnen Fichten oder Tannen mit Licht umhüllt, einladend, ausstrahlend, wie ein weithin sichtbares Zeichen: Kommt her! In diesem Licht, um diesen Baum, an diesem Ort hat all das Widerspenstige, Zwiespältige keinen Platz mehr – jetzt nicht, und später auch nicht.

So, stelle ich mir vor, könnte es sein, könnten *wir* sein; und dann ist Weihnachten!

Joachim Schulte

WEISSER FLECK

Am Montag war er plötzlich da: der weiße Fleck auf der Lokalseite unserer Tageszeitung. Beim Frühstück gab er meiner Frau und mir ein Rätsel auf. Dreieinhalb mal vier Zentimeter Freiraum. »Ob denen bei der Zeitung nicht mehr genug einfällt, um die Seiten zu füllen?« – so war unsere Vermutung.

Meine Frau hatte am nächsten Tag eine Pressemeldung für eine Gemeindegruppe abzugeben und sprach den Redakteur auf den weißen Fleck an. Der gab zu, daß der Jahresanfang immer auch eine »Sauregurkenzeit« sei. Aber diese aufgelockerte Seitengestaltung habe eigentlich einen anderen Grund.

Seiten mit weniger Text und mehr Platz lassen sich viel leichter lesen. Das Auge wird nicht überfordert. Die Texte kommen lockerer daher. Verstehen wird erleichtert.

Wir haben das dann zu Hause am Magazin einer großen Wochenzeitung überprüft. Auch dort waren mehr Freiräume und viel weniger Text.

Zu Jahresanfang hat mich dieser Fleck nicht losgelassen. Wo gibt es den weißen Fleck in meinem Leben – oder genauer –, den Raum, der nicht schon total besetzt ist: durch Termine oder auch durch den Druck, etwas leisten zu müssen? Oder durch einen festen, unverrückbaren Standpunkt, den ich eingenommen habe?

Ich vermisse ihn eigentlich, den weißen Fleck in meinem Leben. Dann aber dachte ich: Stop! Verkündest du dir nicht da eine frohe Botschaft der Pause, ist es nicht nur Bequemlichkeit oder gar Faulheit?

Ich mußte unwillkürlich an die Handwerker denken, die

gelegentlich in unserem Hause zu tun haben. Sie halten ihre Pausen ein – können, wenn auch nur für eine halbe Stunde, die Arbeit ruhen lassen. Dieser kurze Leerlauf ist wichtig für das, was folgt – die weitere Arbeit. Der Rhythmus meines Atems macht es deutlich:

»Im Atemholen sind zweierlei Gnaden,
die Luft einziehen – sich ihrer entladen.
Jenes bedrängt, dieses erfrischt
– so wunderbar ist das Leben gemischt.
Du, danke Gott, wenn er dich preßt,
aber danke ihm auch, wenn er dich wieder entläßt.«
(Goethe)

Der weiße Fleck kann aber auch noch mehr sagen, bezogen auf meinen Glauben. Sören Kierkegaard hat es einmal so ausgedrückt: »Ich meinte erst, Beten sei reden. Ich lernte aber, daß Beten nicht nur Schweigen, sondern Hören ist.«

So ist es, Beten heißt nicht, sich selbst reden hören, Beten heißt stillwerden und stillsein und warten, bis der Betende Gott hört. Stillwerden – Schweigen – Hören – Gott hören.

So könnten aus vermeintlichen weißen Flecken geistliche Schritte auf dem Weg in das Leben entstehen, auf dem uns Gott begegnet.

Gerd Kerl

WERBUNG

Wenn ich morgens von Dortmund nach Villigst fahre, komme ich an circa 40 bis 50 großen Plakatwänden vorbei. An der einen Kreuzung werde ich eingeladen, die Welt kennenzulernen mit Tuborg-Bier: »Wer die Welt kennt, kennt Tuborg!« An der nächsten Mauer heißt es: »SAT 1: Damit sich das Aufstehen endlich lohnt.« Etwas weiter: Ein großes Plakat mit jungen, braungebrannten, athletischen Körpern in hautengen Trikots: »active bodies by adidas.«

Etwas frustriert, weil ich so schlank nun auch nicht mehr bin, schalte ich das Autoradio an. Es ist kurz vor acht. Zeit für die Nachrichten. Aber erst kommt Werbung: »Es ist ein gutes Gefühl, unterwegs nie allein zu sein.« Klar denke ich, wo du auch bist, Gott ist mit dir. Habe ich schon als Konfirmand gelernt. – Nein, weit gefehlt! »Darum bin ich Mitglied im ADAC«, tönt es aus dem Radio.

Na, ich bin noch nicht Mitglied im ADAC, vielleicht fahre ich deshalb heute so unruhig. Doch es bleibt mir gar keine Zeit, meinen Gedanken nachzuhängen. Der nächste Werbespot schlägt unbarmherzig zu: »Können es sich moderne, sportliche Frauen eigentlich leisten, heute Schokolade zu essen? – Ja, die Jogurette, die schmeckt so himmlisch-joghurtleicht!«

Ich weiß nicht, wie es Ihnen geht. Aber ich fühle mich immer mehr von der Werbung umstellt, von Reklame umzingelt, einem Großangriff des Schwachsinns ausgeliefert.

Keine Fernsehsendung, die inzwischen nicht gesponsert würde. Kein Tennismatch, das nicht in jeder Ballpause durch Werbeblöcke unterbrochen würde. Ja, ist nicht das ganze Fernsehprogramm inzwischen nur noch Umfeld für Werbung, genauso happy, locker und flach wie die Werbespots selbst?

Die Werbewirtschaft gehört zu den Wachstumsbranchen in Deutschland. 53 Milliarden Mark hat sie im vergangenen Jahr eingenommen. Eine Hauptzielgruppe der Werbetreibenden ist längst der »Skippie« (»school kid with income and purchasing power«), das Schulkind mit Anschaffungsmacht. Es bestimmt mit, was die Eltern kaufen, verfügt über eigenes Geld und ist der Konsument der Zukunft, den es frühzeitig an bestimmte Marken zu binden gilt.

So tobt längst eine heftige Schlacht um die günstigsten Werbeplätze zwischen den Serien. Mindestens 50 Werbespots sehen Kinder durchschnittlich pro Tag. Kein Wunder, daß selbst kleine Kinder, wie Umfragen zeigen, nach Zeichentrickfilmen am liebsten Reklame sehen. Dabei belegen jüngste Untersuchungen einwandfrei: Werbung beeinflußt massiv die Weltsicht von Kindern. Die enge Verzahnung von Programm und Reklame dressiert die Kleinen zu Konsum-Kids. So wurde etwa die SAT 1-Serie »Mein kleines Pony« vom amerikanischen Spielzeughersteller Hasbro eigens entwickelt, um Plüschtiere an Mädchen zu verkaufen. In Österreich, Frankreich und Schweden gibt es ein Werbeverbot in Kindersendungen. Warum nicht bei uns?

»Das Werbewesen ist jetzt so weit perfektioniert, daß weitere Fortschritte unwahrscheinlich sind«, sagte vor 237 Jahren der englische Schriftsteller Samuel Johnson. Wir können ihn heute beruhigen: Fortschritte sind noch möglich.

Seit einigen Monaten treffen sich abends öfter zwei alte Kumpel, natürlich braungebrannt, clever und smart, nach langen Jahren wieder im Fernsehen: »Mein Haus, mein Auto, meine Familie, mein Urlaub« – sagt der eine und knallt dem anderen die entsprechenden Fotos unter die Nase. »*Mein* Haus, *mein* Auto, *meine* Familie, *mein* Urlaub« – kontert der andere. Natürlich alles viel toller! Und er setzt noch einen drauf: »Meine Pferde und meine Pferdepflegerinnen« – junge Mädchen in Badeanzügen. »Ja, ich habe eben einen Anlageberater von der Sparkasse!«

Die Botschaft der Werbung heißt: Der Wert des Menschen hängt davon ab, was er kauft, wo er kauft, wie geschickt er kauft. Mit dieser Botschaft übernimmt die Werbung die Rolle eines Massenerziehungsmittels. Das Ziel ist nicht mehr, dies und das zu verkaufen, sondern ein Klima herzustellen, in dem es wichtig ist, die neuesten Marken zu besitzen, den neuesten Trends zu folgen, einen bestimmten Lebensstil zu kopieren. Geworben wird nicht mehr nur für ein Produkt, geworben wird zugleich für ein neues Lebensgefühl, für einen neuen Lebensstil, propagiert von schönen braungebrannten Menschen – oder jetzt zunehmend auch von knackigen, immer schnauzbärtigen Werbeopas, die alle »gut drauf« sind!

Eine geschönte Welt; eine Traumwelt – die Welt der Werbung. Es ist für mich kein Zufall, daß ich auf meinem Weg nach Villigst die meisten großflächigen Plakatwände dort sehe, wo die Straßen am ödesten sind. Denn die Welt der Werbung ist eine Welt der unerfüllbaren Versprechungen: Ich darf aus dem Alltag ausbrechen und mit Jever-Pilsener eine Legende erleben, ein romantisches Abenteuer unter vollen Segeln. Der Angst, nicht männlich zu sein, kann ich abhelfen, indem ich mich mit dem Zug einer Zigarette in einen Cowboy oder Kajakfahrer verwandele. Und die abgestimmte Kleidung und der besondere Duft verschaffen mir endlich den Zugang zu der begehrten Frau, die nur noch für mich dasein will.

Die Langeweile und Sterilität des Alltags, die Mühe der Arbeit, die Gebrechlichkeit des Alters und der Schmerz des Todes – sie kommen in der Werbung nicht vor. Daran sollen und wollen wir, bitte schön, nicht erinnert werden. Werbung zeigt, wie das »wahre« Leben ist: eine Welt der Freizeit, des Urlaubs, des Nichtstuns, des Spiels und des beschwingten

Wandelns in Feld, Wald und Flur. In dieser Welt ist die Entfremdung aufgehoben, sind die Menschen noch eins mit sich, den anderen und der Natur, hier gibt es nur Angenehmes und Erfreuliches.

So hat Werbung für mich immer mehr religiöse Züge. Sie verheißt, was früher der Religion vorbehalten war: den Himmel auf Erden, die Erlösung – aber durch Konsum.

»Viele Frauen werden zum Muttertag mit Konfekt abgespeist«, heißt es in einer Anzeige der Schmuckindustrie. Und weiter: »Doch dabei warten sie auf etwas Liebe. Gold ist Liebe!«

Wer die Bibel kennt, weiß natürlich, daß dieser letzte Satz in der Bibel etwas anders lautet: »Gott ist Liebe.« Nur zwei Buchstaben sind ausgewechselt, um der Perversität Ausdruck zu verleihen, daß alles käuflich ist – auch die Liebe, auch andere Menschen.

Die wahre Religion ist hier humaner. Ich habe mal gelernt: Gott kann mich auch leiden, wenn ich nicht braungebrannt und faltenlos bin, gut dufte und einen aktiven body habe.

Ich brauche mich ihm auch nicht locker, leicht trimmtrabend, immer Herr der Lage zu präsentieren. Auch wenn ich hier nicht »in« bin, bin ich bei ihm nicht »out«. Wie entlastend!

Ich brauche nicht mehr den neuesten Trends nachzuhecheln, um etwas darzustellen – ich bin schon etwas: Gottes Geschöpf! Das ist mehr, als mir die Werbung versprechen kann...

Hans-Martin Lübking

ZEIT

»Zeit« ist eine magische, schreckliche und schöne Sache. Persönlich haben die meisten von uns wenig Zeit. Wir haben einen geregelten Tagesablauf mit langen Arbeitsphasen und genau kalkulierten Freiräumen. Der Terminkalender ist bei vielen ziemlich voll.

Wir wissen, und je älter wir werden, leiden wir darunter, daß unsere eigene Lebenszeit befristet ist. In möglichst kurzer Zeit wollen wir viel bewirken. »Nutze den Tag«, haben schon die alten Lateiner gesagt. Oder: »Was du heute kannst besorgen, das verschiebe nicht auf morgen.«

Auf der anderen Seite lassen wir uns als Staat oder auch als Kirche viel Zeit, auf neue Gegebenheiten und neue Rahmenbedingungen zu reagieren. Es ist eine Spannung zwischen der persönlichen Erfahrung »die Zeit drängt« und einem allgemeinen angeblichen Zeit-haben zu beobachten. Viele Menschen treibt die Angst um die ökologische Zukunft der Erde um. Alle wissen: So kann es nicht weitergehen. Aber Entscheidungen werden nicht getroffen, so als bliebe Zeit im Übermaß.

Die Adventszeit erinnert daran, daß die Zeit nicht endlos ist.

Ein Blick in die bekanntesten Adventslieder des Gesangbuchs beweist das sofort. Advent ist Zeit der Vorbereitung, mit zagendem Herzen das Kommen Gottes zu erwarten. »Er kommt zum Weltgerichte: zum Fluch dem, der ihm flucht, mit Gnad und süßem Lichte dem, der ihn liebt und sucht.« In einem anderen Lied heißt es: »Mit Ernst, o Menschenkinder, das Herz in euch bestellt.«

Immer wieder findet sich der Blick auf das Ende, auf die

Ewigkeit: »Hier leiden wir die größte Not, vor Augen steht der ewig Tod. Ach komm, führ uns mit starker Hand vom Elend zu dem Vaterland.« Die Adventslieder und auch die biblischen Lesungen in dieser Zeit sprechen vom Ende der Zeit.

Johann Baptist Metz hat gesagt: »Alle biblischen Aussagen tragen einen Zeitvermerk, einen Endzeitvermerk.« Der »Zeitvermerk« in der Adventszeit heißt: Die Herrschaft Gottes kommt! Es gibt keine »Zeit ohne Finale«, keine entfristete Weltzeit, keine ewige Wiederkehr. Gott steht vor der Tür. »Kehrt um und tut Buße.« Wer diese Zeitansage nicht hört, der läuft Gefahr, am Leben vorbeizugehen, es auf immer zu verlieren.

Denken wir noch einmal an die anfangs genannte Paradoxie: Wir haben wenig Zeit – und nehmen uns zuviel Zeit. Dieser Widerspruch dreht sich nun um: Wir haben aufs Ganze keine Zeit, aber gerade deswegen können wir uns Zeit nehmen! Wir sollen verantwortlich mit unserem Leben und unseren Gaben umgehen. Was wir tun, hat Konsequenzen: Es ist nicht beliebig. Schlechtes wird verworfen und Gutes als solches erkannt.

Advent endet nicht mit dem Gericht, nicht mit der Verwerfung, sondern mit dem Kommen des Lichts, mit der Geburt Christi. Sie ist Grund, die Zeit, die wir haben, zu nutzen. Sie ist Ursache, dem eigenen Tun, so bescheiden es immer auch scheint, Bedeutung und Kraft beizumessen.

Christoph Berthold

AM ZIEL

Wahrscheinlich wissen alle hier, wo Speyer liegt und daß dort der berühmte romanische Kaiserdom steht. Aber nicht alle waren schon dort. Und selbst wer einmal dort gewesen ist, hat nicht mehr alles vor Augen. Seit fünf Jahren befindet sich auf dem Gehsteig an der Hauptstraße, vielleicht dreihundert Meter vom Dom entfernt und diesem den Rücken zukehrend, eine überlebensgroße Bronzefigur: der sogenannte Speyrer Jakobspilger.

Der damalige Bischof hat ihn gestiftet. Sehr gesammelt ist der Pilger dargestellt: den Blick unter dem breitkrempigen Hut vor sich auf den Weg gerichtet, ohne auf die Umgebung zu achten, mit ausholendem Schritt auf großen bloßen Füßen und den Pilgerstab in der Hand.

Das Gesicht verrät in seiner konzentrierten Gefaßtheit die Einsamkeit des Wanderers und das innere Getriebensein zum Bestimmungsort hin. Seine Augen blicken wie halluziniert; als ob ihm eine Vision bereits das Ziel demonstriere.

Daneben, auf einer Platte in den Bürgersteig eingelassen, stehen Worte aus dem Hebräerbrief (13,14): »*Wir haben hier keine bleibende Stadt, sondern die zukünftige suchen wir.*«

Heimatvertriebene werden diesen Satz sofort verstehen: »*Wir haben hier keine bleibende Stadt...*« Aber die Erfahrung, die aus diesem Satz spricht, reicht tiefer.

Ich denke an einen alten Mann, den ich vor kurzem beerdigte. Er hatte in seinem Leben viele Wege und Strecken zu gehen – aus beruflichen Gründen: Er war der Kreisstreckenwart. Täglich mußte er raus! In seiner Umgebung kannte er fast jeden Weg und Steg. Zuletzt konnte er kaum noch sehen. In den letzten Jahren erkannte er fast niemanden mehr. Aber an seinem Ort kannte ihn fast jede und jeder. An ihrer Seite fühlte er sich sicher. Er mußte unterwegs sein. Nach einem ersten Schlaganfall mußte er noch für ganz kurze Zeit ins Pflegeheim. Nicht mehr rauszukommen, drinbleiben zu müssen, das hat er nicht verkraftet. Erneut traf ihn der Schlag. Daran ist er gestorben. Es wurde gerade Advent. Auf der lebenslangen Suche nach der zukünftigen Stadt hatte er das Ziel erreicht.

Während meines letzten Besuchs bei ihm sagte er unvermittelt – und sein Gesicht entspannte sich dabei und wirkte fast fröhlich; die Augen schienen weit in die Ferne zu blicken: »Die Gedanken sind frei, wer kann sie erraten? Sie fliehen vorbei wie nächtliche Schatten.« Und weiter: »Mein Wunsch und Begehren kann niemand verwehren.« Und schließlich: »... denn meine Gedanken, die reißen die Schranken und Mauern entzwei: Die Gedanken sind frei!«

»Wisset, daß ihr Pilger seid auf dem Weg zum Herrn!« So hat der Kirchenvater Augustinus bis heute gültig formuliert, finde ich. »*Wir haben hier keine bleibende Stadt.*« Die Adventszeit hat begonnen.

Jesus hat außerhalb der Mauern gelitten. Gestorben ist er im Abseits. Die Gedanken sind frei. »*Vergeßt nicht, Gutes zu tun und mit andern zu teilen; denn solche Opfer gefallen Gott.*« – Dieser Weg ist das Ziel.

Fritz Stegen

ZUHAUSE

Der Urlaub ist vorbei. Wir sind wieder zu Hause. Mancher mag das bedauern, aber insgesamt sind wir doch vielleicht eher froh. Wieder dieselben Arbeitskollegen. Die gewohnte Tagesschau im Fernsehen. Die Brötchen vom Bäcker um die Ecke.

Die beruhigende Alltäglichkeit. Der gewohnte Lebensrhythmus. Das Büro, der Arbeitsplatz, der gewohnte Blick aus dem Fenster.

Wir brauchen unsere Gewohnheiten, unser Zuhause. Die vertrauten Bücher, das gewohnte Geschirr, unsere Nachbarn.

Ein bißchen Heimat braucht jeder!

Mir geht es so: Je älter ich werde, desto mehr möchte ich wissen, wo ich einmal bleibe. Viermal bin ich bisher umgezogen, die Umzüge als Student nicht mitgerechnet. Ich weiß, das ist heute nicht einmal besonders viel. Wer wohnt schon noch dort, wo er geboren ist? Jeder Deutsche zieht – statistisch gesehen – mindestens dreimal in seinem Leben um. Wer beruflich vorankommen will, muß heute beweglich sein. Wer nicht bereit ist, mit seinem Arbeitsplatz mitzuwandern, läuft Gefahr, ihn zu verlieren. Jeder Umzug heißt, Abschied nehmen von Vertrautem. Jeder Wegzug ist auch ein Verlust und immer ein Risiko.

In jüngeren Jahren findet man das noch spannend. Aber irgendwann möchte man auch wissen, wo man bleibt. Gute Nachbarn haben, eigene vier Wände, Straßen, in denen man sich auskennt – früher war mir das nicht so wichtig, heute halte ich es für etwas Erstrebenswertes.

Ein bißchen Heimat braucht jeder!

Auch ich habe eine Heimat, einen Ort, in dem ich geboren bin, ein kleines Dorf in Ostwestfalen. Von meinem Elternhaus konnte ich weit über Roggen- und Rübenfelder in die Landschaft sehen. Ein weiter Blick, der mir immer wichtig war. Sicher hat er mich auch geprägt. Als ich das letzte Mal dort war, sagte mir mein Bruder, daß auf den Feldern jetzt Industrie- und Gewerbebetriebe angesiedelt würden. Als ich das hörte, merkte ich, wie sich bei mir etwas zusammenzog. Wieder ein Stück Heimat, das verlorengeht.

Heimatvertrieben – in einem gewissen Sinn sind wir das alle. Wer findet seinen Geburtsort heute noch so vor, wie er oder sie ihn aus der Kindheit kannte? Der alte Bolzplatz – heute ein Supermarkt, und wo früher das kleine Wäldchen war, liegt heute die Bungalowsiedlung. Man kann auch immer an demselben Ort bleiben und doch heimatlos werden, weil alles Vertraute Stück um Stück aus der Umgebung verschwindet: Menschen, Bäume, Wege, Läden, Felder. Auch Heimat läßt sich vertreiben. Aber ein bißchen Heimat braucht doch jeder!

Zugleich weiß ich aber auch: Zuviel Heimat ist auch nicht gut! Denn Heimat, das ist nicht nur Nestwärme und Geborgenheit – es kann auch muffige Enge, konservative Provinz und Brutstätte von Vorurteilen sein. Das Gewohnte kann auch zur Fessel werden, und das Vertraute kann einen hindern, über den Rand zu gucken. Man muß die Heimat auch mal verlassen. Eine Einsicht der Vernunft, nicht des Gefühls, aber auch eine Einsicht der Bibel.

Abraham wird aufgefordert: »*Gehe aus deinem Vaterland. Verlasse deine Verwandtschaft, und gehe in ein Land, das ich dir zeigen werde!*« Die Bibel hat nur ein gebrochenes Verhältnis zur Heimat. Sie ist nichts Religiöses, nichts Absolutes. Ins Glaubensbekenntnis gehört sie nicht.

Ich glaube, über diesen Widerspruch kommen wir nicht

hinaus. Wir sehnen uns nach einem Zuhause, in dem wir auf Dauer zu Hause sind – aber zugleich ahnen wir doch auch, daß es stimmt, was im Hebräerbrief steht: »*Wir haben hier keine bleibende Stadt, sondern die zukünftige suchen wir.*«

Früher, als man die Dinge noch deutlicher beim Namen nannte, sprach man unter Christen davon, daß wir in dieser Welt »nur Gäste und Fremdlinge« sind. Das ist heute eine kaum noch verständliche Sprache. Doch daß das Leben immer wieder zu Aufbrüchen zwingt, daß Gott kein bequemer Gott ist, daß wir auch die Heimat, die wir uns zu Lebzeiten schaffen, nicht festhalten können –, das ahnen wir doch auch!

Doch auch als Gäste und Fremdlinge in dieser Welt brauchen wir irgendwo ein Zuhause: wo wir in Frieden leben können, unsere Kinder großziehen, arbeiten, einkaufen und abends noch ein Bier trinken können. Ein bißchen Heimat braucht jeder!

Um so erschreckender, wenn in diesen Tagen Menschen, die auf der Flucht vor Hunger und Krieg und auf der Suche nach ein wenig Heimat in unser Land gekommen sind, unter dem Beifall von Bürgern das Dach über dem Kopf angezündet wird. Erst die Heimat verloren und dann auch noch die Notunterkunft angesteckt!

Ich will jetzt nicht über die Ursachen spekulieren. Ich will auch nicht die Motive der Täter ergründen. Ich möchte nur an die Verzweiflung und Angst derer erinnern, denen auch noch die letzte Bleibe genommen wird.

Denn ein bißchen Heimat braucht doch jeder!

Hans-Martin Lübking

ZWISCHENBILANZ

Um die Mittagszeit wurde es auf dem Platz vor dem Rathaus belebt. Angestellte aus den umliegenden Büros verbrachten ihre Pause hier, aßen in den kleinen Restaurants, beobachteten die Passanten. Kinder streckten sich nach dem Wasser im Springbrunnen. Das war ganz klar, und die Sonne spiegelte sich darin.

Zwei Männer kamen dazu, in Oberhemd und Krawatte. Sie setzten sich auf die Brunnenumrandung.

Der ältere der beiden mochte so um die 60 sein. Er lockerte seine Krawatte, öffnete den obersten Knopf seines Hemdes und krempelte sich die Manschetten hoch.

Genießerisch ließ er sich von der Sonne bescheinen.

Der Mann neben ihm, um einiges jünger, hatte nichts von dieser Ruhe: Angespannt saß er da, stützte die Arme mit nach außen gedrehten Fäusten auf. »Ich kauf mir ein neues Auto«, sagte er unvermittelt, »ein bißchen größer und mit mehr PS. Außerdem such ich mir einen anderen Job.«

Der Ältere sah ihn an: »Neuer Job? Abgesehen davon, daß das gar nicht so einfach ist: warum?«

»Weil mir diese Routine bis zum Hals steht. Seit 15 Jahren gehe ich morgens zur gleichen Zeit aus dem Haus. Meine Arbeit besteht immer aus den gleichen Aufgaben. Und immer sind es die gleichen Themen, die gleichen Gesichter. Das ist doch alles nichts. Und wenn ich jetzt nicht den Absprung schaffe, dann ist der Zug abgefahren.«

Dann schwieg er, drehte sich zum Wasser und tauchte seine Hand ein. Durch die Bewegung entstanden viele kleine Wellen, in denen sich die Sonnenstrahlen brachen.

Der Mann versuchte, etwas von diesem glitzernden Wasser

zu schöpfen. Es gelang ihm nicht. Das Wasser rann ihm aus der Hand. Nachdenklich sah er auf seine nasse leere Hand.

Der Ältere beobachtete ihn still dabei. Dann brach er das Schweigen. »Das Gespenst vom ungelebten Leben«, sagte er.

Der Jüngere schüttelte seine Hand in der Luft trocken und sah ihn fragend an.

»Ja«, erklärte der Ältere, »irgendwann kommt so ein Punkt, da fragt man sich, was das ganze Leben eigentlich soll. Man kommt sich vor wie in einer Tretmühle und glaubt, das eigentliche Leben findet woanders statt. Man will ausbrechen: neues Auto, neuer Job und manchmal auch eine neue Frau. In einer Art Torschlußpanik greift man nach der vermeintlich letzten Chance seines Lebens. – Wissen Sie, auch wenn ich jetzt so abgeklärt darüber rede, bei mir damals war es auch nicht anders! Ich glaube, da muß man durch.«

»Da muß man durch...«, wiederholte der Jüngere. »Fragt sich nur, wie?«

Der Ältere schmunzelte: »Ziehen Sie eine Zwischenbilanz, Herr Kollege. So für Ihr Leben, meine ich: Eigenschaften, Fähigkeiten, Erfahrungen... Machen Sie eine Aufstellung über Soll und Haben. Dann können Sie ablesen, wie Sie mit dem gewirtschaftet haben, was Sie als persönliches Kapital von Dem-da-oben mitbekommen haben.«

Er machte eine Kopfbewegung zum Himmel.

»Sie können dann überlegen, wie Sie gewinnbringend damit weiterarbeiten wollen. Sie werden sich für das eine und gegen das andere entscheiden müssen. Aber es wird Ihnen klarwerden, daß Ihr Leben niemals ›nichts‹ ist.«

Der Jüngere sah ihn an. Sagte nichts. Aber seine Augen verrieten, daß es wild in seinem Kopf arbeitete.

Und bevor sie zurückgingen, tauchte er noch einmal seine Fingerspitzen in das Wasser des Springbrunnens.

Andrea Seils

REGISTER: THEMEN

Ablösung	49	Fremde	43
Abschied	115	Fußballstadion	147
Advent	174, 182	Geduld	47, 91
Alter	115	Gesicht	97
Angst	9	Gespräch	15
Arbeitslosigkeit	34	Glück	78, 127
Auferstehung	17, 151	Gott	28, 34, 136
Aufmerksamkeit	15, 65	Gottesdienst	102, 147
Ausländer	99	Hände	52
Außenseiter	133	Heimat	43, 55, 184, 186
Ausweise	20	Helden	58
Baum	23	Helfen	62
Behinderung	91, 113	Höflichkeit	65
Bekenntnis	38	Hoffnung	69, 109
Beten	176	Humor	71
Bilanz	189	Jenseits	75
Chaos	104	Jubiläum	41
Chor	41	Jugend	78
Computer	28	Kinder	23, 49, 81, 136
Dankbarkeit	127	Konsum	136, 178
Ehe	153	Kreuz	17, 121
Einsamkeit	31	Lachen	71, 84
Evangelium	122	Leben	78, 143, 160, 189
Farben	12	Leid	171
Feigheit	38	Liebe	153
Ferien	113	Männer	94
Flüchtlinge	186	Masken	97
Fotos	41	Menschenbilder	118, 178
Fragen	171	Menschlichkeit	99

Müdigkeit	109
Natur	140
Ohnmacht	49, 109
Olympia	102
Ordnung	104
Outfit	12
Pause	176
Pilger	184
Recht	91
Reich Gottes	23, 136
Reisen	43, 106
Resignation	109
Ruhe	163, 176
Ruhestand	115
Scheidung	153
Schönheit	118
Schöpfung	149
Schule	34, 121, 122, 136, 156
Schwäche	94
Segen	121
Sicherheiten	131
Singen	133
Sinn	171, 189
Sorgen	136
Sport	102, 147
Spuren	140
Stadt	55
Stärke	94
Sterben	75, 140, 143
Streß	86
Taufe	49
Tod	75, 143
Tourismus	106
Trauer	151
Trost	156
Umwelt	136
Unfall	160
Unruhe	163
Unterwegs	184
Urlaub	106
Vergänglichkeit	41
Vergewaltigung	165
Verkehrsstau	47
Weihnachten	140, 174
Werbung	178
Wochenende	31
Zahlen	168
Zeit	182
Zeugnisse	20
Zweifel	171

REGISTER: BIBELSTELLEN

1. Mose 2,18	31	Markus 10,9	154
1. Mose 11,5	73	Markus 10,13-16	81
1. Mose 12,1	187	Lukas 15,11-32	44
Richter 13-16	58	Lukas 17,10-19	128
2. Samuel 13	165	Johannes 5,1-9	17, 32
2. Samuel 24,14	52	Johannes 8,7	53
Hiob 1-2	171	Johannes 10,10	79
Psalm 13,1-5	148	Johannes 16,33	10
Psalm 36,8	45	Apostelgeschichte 19,32	72
Psalm 90,1-14	42	Römer 1,16	122
Psalm 103,8	48	Römer 15,7	100
Psalm 103,13-18	162	Galater 6,2	89
Psalm 127,1	55	Hebräer 13,14	55
Psalm 139	97	Hebräer 13,14-16	188
Sprüche Salomos 17,22	71	1. Johannes 4,16	181
Jesaja 38,1-6	143		
Jesaja 40,26-31	109		
Jesaja 42,2-3	91		
Jesaja 53,1	90		
Jeremia 10	119		
Amos 5,21-24	103		
Jesus Sirach 30,22-27	74		
Jesus Sirach 31-32	65		
Matthäus 6,25-34	136		
Matthäus 12,38-41	21		
Matthäus 13,44-46	150		
Matthäus 14,22-33	87		
Matthäus 26,69-75	38		
Markus 4,30-32	26		

DIE AUTORINNEN UND AUTOREN

Christoph Berthold, Jahrgang 1943, Superintendent des Kirchenkreises Paderborn

Thomas Böhme-Lischewski, Jahrgang 1962, Pfarrer in der Kirchengemeinde Selm

Christian Gauer, Jahrgang 1938, Schulreferent des Kirchenkreises Herne

Matthias Gössling, Jahrgang 1955, Dozent am Predigerseminar der Evangelischen Kirche von Westfalen in Soest

Elke Hadler, Jahrgang 1954, Jugendpfarrerin im Kirchenkreis Recklinghausen

Dr. Ralf Hoburg, Jahrgang 1960, Pfarrer in Herford

Dr. Detlef Holinski, Jahrgang 1945, Pfarrer in der Kirchengemeinde Milspe

Dr. Klaus Johanning, Jahrgang 1958, Pfarrer in der Kirchengemeinde Schwerte

Gerd Kerl, Jahrgang 1949, Pfarrer und Leiter der Arbeitsstelle Gottesdienst der Evangelischen Kirche von Westfalen in Dortmund

Werner Kropp, Jahrgang 1949, Dozent am Pädagogischen Institut der Evangelischen Kirche von Westfalen in Schwerte-Villigst

Volker Liepe, Jahrgang 1952, Pfarrer in der Kirchengemeinde Warendorf

Hans Werner Ludwig, Jahrgang 1957, Jugendreferent im Kirchenkreis Hattingen-Witten

Dr. Hans-Martin Lübking, Jahrgang 1948; Direktor des Pädagogischen Institutes der Evangelischen Kirche von Westfalen in Schwerte-Villigst

Ernst-Udo Metz, Jahrgang 1954, Pfarrer in der Kirchengemeinde Gelsenkirchen-Heßler

Heinz-Joachim Schulte, Jahrgang 1943, Pfarrer und Schulseelsorger an der Gesamtschule Lünen

Dr. Wennemar Schweer, Jahrgang 1940, Pfarrer in der Kirchengemeinde Rheda

Andrea Seils, Jahrgang 1961, Pfarrerin und Schulreferentin des Kirchenkreises Bielefeld

Fred Sobiech, Jahrgang 1955, Rektor des Pädagogisch-Theologischen Instituts der Evangelisch-lutherischen Kirche Mecklenburgs in Schwerin

Fritz Stegen, Jahrgang 1944, Pfarrer in der Kirchengemeinde Gütersloh

Ulrich Walter, Jahrgang 1956, Pfarrer und Generalsekretär des Verbandes für Kindergottesdienst in der EKD in Schwerte-Villigst

Friedhelm Wixforth, Jahrgang 1945, Landesjugendpfarrer in der Evangelischen Kirche von Westfalen in Schwerte-Villigst